유튜버 백세시대

당신의 삶이 콘텐츠

고루한 회고록을 쓸 것인가,

아니면 힙한 유튜브 채널을 만들 것인가

저자: 이유진

유튜버 백세시대
당신의 삶이 콘텐츠

| 초판 1쇄 인쇄 | 2023년 7월 20일
| 초판 1쇄 발행 | 2023년 8월 1일
| 저 자 | 이유진
| 총 괄 기 획 | 변문경
| 책 임 편 집 | 문보람
| 디 자 인 | 김민철, 오지윤, 디자인 다인
| 인 쇄 | 영신사
| 종 이 | 세종페이퍼
| 홍 보 | 박정연
| IP 제작투자 | ㈜메타유니버스 www.metauniverse.net
| 펴 낸 곳 | ㈜메타유니버스
| 유 통 | 다빈치Books
| 출판등록일 | 2021년 12월 4일
| 주 소 | 서울특별시 중구 청계천로 40, 14층 7호
서울특별시 마포구 월드컵북로 375, 21층 7호
| 팩 스 | 0504-393-5042
| 전 화 | 070-4458-2890
| 출판 콘텐츠 및 강연 관련 문의 | 이유진 yujin8823@gmail.com

이 책은 관훈클럽정신영기금의 도움을 받아 저술·출판되었습니다.

목차

Chapter 3

취미가 돈이 되는 시대

Chapter 4

알고리즘 타는 영상 만들기

Chapter 5

국내 할머니 할아버지 유튜버

Chapter 8

이제 나도 유튜버 되기 -준비 편-

Chapter 9

이제 나도 유튜버 되기 -실전 편-

유튜버 백세시대:
당신의 삶이 콘텐츠를 펴내며

여러분, 지금, 이 순간입니다.

시니어라고 '안방극장' 1열에서 <가요무대>만 보는 시대는 지났다. 임영웅, 송가인 같은 좋아하는 스타의 영상을 유튜브로 찾아보며 MZ세대보다 더욱 가열하게 '덕질(좋아하고 몰입하고 있는 것과 관련된 활동)'하는 시대다. 취미나 즐길거리 같은 여가 활동과 관련해서 가장 유용한 정보를 얻는 곳도 글로벌 동영상 스트리밍 사이트 유튜브만 한 것이 없다. 음식 레시피, 여행, 텃밭 가꾸기, 낚시, 집 짓기, 뜨개질 등 없는 것 없는 유튜브는 앞으로 시니어에게 세상을 보는 눈이 되어 줄 것이다.

본인은 레이디경향, 스포츠경향 엔터부와 경향신문 라이프팀을 두루 거치며 유튜브에 다년간 관심을 두고 취재해 왔다. 물 흐르듯 자연스럽게 미디어 생태계 정점을 찍은 유튜브에서 향후 가장 두각을 나타내는 세대가 바로 중장년을 비롯한 시니어 세대라는 생각이 확고해졌다. 이들의 콘텐츠 수요와 공급의 변화는 드라마틱한 성장 곡선을 그리고 있다. 여가 활동 시간이 다른 세대에 비해 현저히 많은 이들은 유튜브 최대 소비자이자 적극적인 생산자로 떠오를 수 있는 존재다.

이미 주변에 TV 대신 유튜브를 통해 자신이 원하는 재미나 정보를 얻는 시니어들이 계신다. 중장년층의 유튜브 유입이 늘고 있는 상황은 방송통신위원회가 발표한 자료에서도 확연히 드러난다. 방송통신위원회는 2022년 6월부터 8월까지 전국 4,287가구에 거주하는 만 13세 이상 남녀 6,708명에게 방문 면접을 통해 실시한 '2022 방송매체 이용행태' 조사 결과를 발표했다.

조사에 따르면 국내 10명 중 7명은 온라인 동영상 서비스를 이용하고 있는 것으로 나타났다. OTT 이용자 10명 중 6명은 주 5일 이상 시청하고, 가장 많이 이용하는 OTT는 유튜브로 조사됐다. 연령대로 보면 20대가 가장 많았지만 최근 중장년층의 이용률이 빠르게 증가하고 있다. 40대 이용률은 2021년 77.9%에서 2022년 85.9%로, 50대는 68.6%에서 70.2%로, 60대는 44.4%에서 54.4%로 증가했다.

중장년층의 유튜브 유입은 우리나라만의 이야기가 아니다. 미국 퓨 리서치 센터의 2019년 발표에 따르면, 미국에서 50~64세의 성인 중 51%가 유튜브를 사용한다고 조사됐다. 1년 만에 11%p가 증가한 것이다(2018년에는 40%였다). 65세 이상 성인의 경우 2018년 26%에서 2019년에는 32%가 유튜브를 사용하고 있다고 답했다.

앞서 언급했듯 더 유의미한 지점은 이들이 콘텐츠 소비자에 머물지 않고 생산자의 길로 들어서고 있다는 점이다. 자신의 연륜과 경험으로 쌓인 오랜 노하우를 공유하며 젊은이는 만들 수 없는, 세상에 없던 '특별한' 콘텐츠 생산자로 우뚝 서고 있다.

이미 '꼰대', '뒷방 노인' 취급을 받던 과거가 무색할 정도로 유튜브라는 날개를 달고 대형 크리에이터로 성장한 시니어들도 존재한다. MZ세대에게 큰 사랑을 받는 일상 브이로그 전문 박막례 할머니, 패션 전문가이자 라이프스타일리스트 밀라논나, K푸드 전도사 망치 등 시니어 크리에이터의 스타 탄생은 그 서막에 불과하다.

단지 영상을 만드는 콘텐츠 크리에이터는 목표가 아니다. 지금 장사를 하거나 사업을 하더라도 그것을 콘텐츠로 만들면 자연스럽게 유튜브는 나만의 마케팅 플랫폼이 된다. 과거 블로그가 그 역할을 했다면 이제 영상 플랫폼으로 전환되고 있는 시점이다. 유튜브의 활용은 생각지 못한 곳까지 무궁무진하다.

이 책에서는 자신만의 특별한 혹은 특별하지 않은 이야기들로 차곡차곡 '좋아요'를 받아내고 있는 시니어 크리에이터들의 좌충우돌 유튜브 도전기를 소개한다. 그리고 이 책을 통해 유튜버에 도전해 보고 싶은 시니어들의 시작에 실질적인 도움이 될 수 있는 내용을 실어본다. 독자들을 위해 시원한 활자 크기와 가독성 높은 편집 디자인을 고심했다. 당신의 가슴속 열정 위에 살포시 얹을 용기 한 점이 되길 바라면서, 늦었다는 말은 일단 머릿속에서 일단 지우는 것부터 시작하자.

Chapter 1.

유튜브, 레드 오션?
그레이 오션!

유튜버 백세시대:
당신의 삶이 콘텐츠

시니어일수록 SNS가 필요하다

굳이 '인간은 사회적 동물'이라는 말을 꺼내지 않더라도 타인과의 소통은 모든 연령대 사람들 삶에서 중요한 부분이지만 특히 시니어에게는 더 간절할 수 있다. 사람은 나이가 들면서 그들 주변 친구들과 가족들이 하나둘 물리적으로 멀어진다. 그렇게 나도 눈치채지 못하는 사이에 어느새 사회적 환경이 급변할 수 있다. 급변하는 환경에 맞춰 새로운 커뮤니티(모임)를 만들어야 하지만, 집단에 새로 들어간다는 것은 나이가 들수록 쉽지 않은 것이 현실이다. 사회적 고립은 시니어에게 외로움을 비롯해 우울증까지 가져올 수 있고 정신적 건강은 물론 신체적으로도 부정적인 영향을 미칠 수 있다. 어떻게 해야 할까?

단언컨대 앞으로 소셜미디어(SNS)는 사회적 활동과 타인과의 소통이 적어지기 시작한 노인들에게 점점 더 중요한 소통 창구가 되어줄 것이다. 사회적 연결이 점점 중요해지지만 쉽지 않은 나이, 물리적으로 직접 만날 수는 없어도 소셜미디어를 통한 타인과의 소통은 결국 감정적인 지지와 소속감을 제공할 수 있다.

노인정이나 노인문화센터 등 시니어들끼리 동병상련으로 커뮤니티를 형성하라는 말이 아니다. 나이보다는 취향이 앞서는 시대다. 나이에 상관없이 취향대로 서로 연결되고 소통할 수 있는 시대라는 뜻이다. 게다가 오랜 연륜의 시니어들은 다른 사람과 공유할 수 있는 풍부한 경험과 지식을 갖고 있다. 젊은 세대와 소통하면서 그들의 지혜를 물려줄 수 있고 지역사회에 이바지할 수 있다. 젊은이들과 같은 소셜 플랫폼을 사용한다면 자연스럽게 서로 연결고리를 지을 수 있다.

또 나이가 들었다고 과거의 정보에만 매달릴 수는 없다. 그들에게도 타인과의 소통을 통한 최신 정보가 필요하다. 소셜미디어는 그들의 삶에 직접 영향을 줄 수 있는 중요한 사건이나 정보를 얻도록 돕는다. 많은 소셜미디어 플랫폼에는 취미, 관심사 또는 지원 그룹과 같은 다양한 주제를 다루는 온라인 커뮤니티가 있다. 시니어들은 이러한 공동체에 참가하여 같은 생각을 하는 사람들과 연결되고 서로의 의견을 공유할 수 있을 것이다. 또한, 관심 있는 분야지만 여러 가지 제약으로 직접 참석하기 어렵다면 메타버스(온라인 가상세계)로 경험할 수 있는 시대다. 듣고 싶었던 온라인 수업이나 가고 싶었던 콘서트도 온라인 메타버스 행사에 참여해 즐길 수 있다.

당신은 손자 손녀의 SNS에 들어가 '팔로우'를 할 수 있나? 이제 가까운 가족이나 친구들도 SNS로 서로의 일상을 보고 관계를 돈독하게 쌓아가야 뒤처지지 않는다. 바쁜 일상에서 멀리 떨어져 살고 있어 쉽게 만날 수 없는 사람들도 소셜미디어를 잘 이용한다면 반가운 얼굴을 마주할 수 있다. 손자들이 이용하는 페이스북, 트위터, 인스타그램 같은 소셜미디어 플랫폼을 활용한다면 가족의 근황을 사진으로 혹은 비디오로 볼 수 있고 메시지를 통해 실시간으로 단절 없이 소통을 이어갈 수 있다.

중장년, 컴맹의 시대는 지났다

88세 일본 할머니 미조이 기쿠코 씨가 2010년부터 매일 SNS에 게재 중인 식단. 젊은이들에게 인기다. @kikutomatu

일본 아사히TV에서 조명한 88세 일본인 미조이 기쿠코 씨. 혼자 살고 있는 그는 하루 세 번 한 끼 식사를 늘 소셜미디어(SNS)에 올린다. 그의 별다르지 않은 식단 공개는 2010년부터 지금까지 무려 13년간 이어졌고 젊은 세대에게 큰 인기를 끌고 있다. 팔로워만 10만 명이 넘는다. 그는 명실상부 '시니어 인플루언서'가 됐다. 그저 기억 속으로 사라져 갔던 소박한 할머니 밥상을 보는 것만으로 사람들은 힐링이 된다고 말한다.

일본에서도 시니어들이 소셜미디어 활동을 시작하고 인플루언서가 탄생하면서 세대 간 초월 현상이 일어나고 있다.

미조이 씨는 "원래 나 혼자 살고 있어서 아들들한테 '나 혼자 괜찮게 지내고 있어'라는 생존 신호 메시지를 보낸다는 뜻으로 트위터를 시작했다. 아들들뿐 아니라 다른 젊은이들도 좋아해 주니까 적극적으로 하게 됐다"라고 말한다.

이제 그가 하루 식단을 기록하는 일은 삶의 일부이자 보람이 됐다. 그는 "내일부터 없을지도 모르는 하루가 너무 귀하다"라고 말한다.

전 세계 다양한 나라의 166만 명 구독자를 갖고 있는 시바사키 하루미치 씨는 기획, 촬영, 편집까지 모두 혼자 하는 수채화를 그리는 채널을 7년째 운영 중이다.

일본 수채화 유튜버 시바사키 할아버지.

"지금은 소셜미디어 시대라 세대에 상관없이 누구나 친목을 나눌 수 있고 그룹이 됩니다. 서로 어울릴 만한 무언가만 있다면 유튜브를 통한 연결로 서로 배우고 영향을 주는 긍정적인 관계가 될 수 있죠. 저 같은 노인이 유튜브를 하는 것도 그런 가치가 큰 것 같아요."

이제 중장년층은 컴맹이라는 시대는 지났다. 컴퓨터나 태블릿 PC, 스마트폰 조작에 익숙한 신인류 중장년층이 등장하고 있는 점이 유튜브에 중장년 유입이 늘어나는 이유다. 기술 또한 점점 더 사용자 친화적이고 접근하기 쉬워지면서, 더 많은 중장년과 시니어층이 유튜브와 같은 소셜미디어 플랫폼을 능숙하게 사용하고 있다.

일본 ANN 뉴스에서 소개한 일본 고령자들이 운영하는 SNS.
그들은 메타버스 세상에서 새로운 활력을 찾았다.

전문가들은 모든 사람이 유튜브를 하는 시대가 올 것이라고 종종 예측하기도 한다. 나 역시 유튜브 채널을 운영하며 기획, 녹음, 영상 편집까지 1인으로 하고 있지만 늘 영상 편집이 가장 시간이 오래 걸리고 어렵다. 더 솔직히 말하면 손목 인대가 늘어나 병원 신세를 좀 지기도 했다. 그러나 조만간 유튜브 영상 편집도 알아서 해주는 AI 프로그램이 나올 거라고 확신한다.

이제 유튜브는 새로 유입된 이들이 즐길 콘텐츠가 점점 더 많이 필요해질 것이다. 유튜브가 포괄적이고 다양한 연령층에 어필하는 콘텐츠 제작의 중요성을 강조하는 이유다.

주변만 보더라도 은퇴 이후 더 많은 자유 시간을 가진 중장년층이 인생 2막 도전으로 유튜브를 선택하는 경우를 꽤 많이 볼 수 있다. 누군가는 귀농, 귀촌으로 농사일 콘텐츠를 만들고, 누군가는 자신의 이력을 바탕으로 전문 지식 유튜브 채널을 개설하기도 한다. 이 글을 보고 있는 당신도 당장 할 수 있는 일이다.

왜 유튜브일까?

1인 방송의 국내 시청자만 2,000만 명이 넘는 시대가 열렸다. 한국MCN협회 2018년 12월 발간 자료에 따르면 2018년 중순 기준 유튜브의 월 사용자 수는 2,500만 명, 아프리카TV는 1,200만 명에 이른다. 10대와 20대들이 기존 플랫폼 대신 유튜브 1인 방송으로 콘텐츠를 즐기는 모습은 이미 익숙한 풍경이 됐고 중장년층도 마찬가지다. 정치, 경제, 대중문화, 여가 등 다양한 분야의 이용자가 증가하고 있다.

이렇다 보니 '채널'이라는 절대 파워를 갖고 있던 방송사들이 최대 적자 위기에 몸살을 앓는 중이다. 개인방송분석연구소 배철순 소장은 "국내 디지털 동영상 광고비는 지난 2014년 910억 원을 기록했고 매해 1,000억 원 이상씩 가파른 증가 추세를 보여 2018년에는 5,509억 원에 이르렀다. 여기 통계에 잡히지 않는 광고, 또 간접적인 산업 효과까지 고려하면 정확한 수치 제시가 어려울 정도"라고 분석한다. 디지털 플랫폼이 '1조 원' 광고 시장에서 50% 이상의 지분을 잠식하기 시작한 셈이다.

게다가 코로나 팬데믹으로 인해 더 많은 소비자가 온라인에서 시간을 보내고 광고주들이 그들의 예산을 디지털 채널로 옮기면서 이러한 추세를 더욱 가속화했다. 정확한 비율은 지역과 특정 시장에 따라 다를 수 있지만, 유튜브 등 소셜미디어 디지털 플랫폼 전반이 광고업계에서 상당한 비중을 차지하고 있다는 점에 주목할 필요가 있다.

왜 유튜브일까? 유튜브 같은 글로벌 영상 플랫폼의 좋은 점은 안방이나 거실에 앉아서 모든 나라의 콘텐츠를 볼 수 있다는 점이다. 나라별 유튜브 콘텐츠 성향의 특색을 살펴보는 것도 꽤 재미있다. 유튜브가 네이버나 다음과 같은 국내 포털사이트나 커뮤니티와 다른 가장 큰 특징은 구글이라는 글로벌 최대 검색 기반을 뒷배로 둔 플랫폼이라는 점이다. 내가 만든 콘텐츠가 국내에서만 소비되는가, 글로벌이 유통 무대인가는 엄청난 차이다. 언어 번역 서비스 기능으로 언어와 국경의 장벽이 점점 무너지고 있어 앞으로 국내용 미디어와의 차이는 점점 더 벌어질 것으로 예측된다. 이제 글로벌을 무대로 다양한 세대가 의견이나 정보, 재미를 담은 콘텐츠를 만들어 공유하고 소비하는 것이 매우 평범한 일이 됐다. 이 놀라운 흐름에 동참할지 말지는 당신의 선택만 남았다.

유튜브, 그늘도 물론 있다

지인 중 충분히 유튜브를 할 수 있는 박학다식한 사람이 있다. 하지만 그는 절대 유튜버를 할 수 없다고 말한다. 이유는 한 가지. 악플이 무섭기 때문이란다.

이해는 간다. 본인은 기자로 일하는 동안 기사 댓글에 달리거나 직접 이메일로 보내는 악플을 수도 없이 봐서 '악플 면역력'이 있다고 자부하지만, 그런데도 여전히 악플을 보면 가슴 한쪽이 서늘해진다. 그러면서도 드는 생각은 '그래 너는 그렇게 살아라'다. 방구석에서 악플만 달고 있는 인생이 참 안쓰럽다고 생각하면 기분이 조금 나아지지 않을까? 대부분 악플을 다는 사람들은 그저 그 순간을 즐길 뿐 개인적으로 악감정을 가진 사람은 없다. 단발성으로 끝나는 것이 대부분이고 싸우지 않고 무관심, 무대응으로 일관하면 스스로 소멸하기 마련이다. 경험상 그렇다.

유튜브의 그늘은 콘텐츠를 생산하는 일부 사람들이 만들어내기도 한다. 별도의 공적 규제 기관이 존재하지 않는 1인 방송에는 출처 확인이 되지 않은 페이크 뉴스(가짜 뉴스), 조회수를 겨냥한 무차별 스팸 광고가 넘쳐난다. 규제가 없는 빈틈을 타 선정적인 방송을 하거나 폭력적이고 유해한 언어가 그대로 노출되는 개인 방송도 다수다. 문제점을 해결하기 위해 유튜브의 경우 과도한 노출, 유해하거나 위험한 콘텐츠, 종교나 성별 증오가 담긴 콘텐츠, 사이버 괴롭힘, 스팸, 사기, 저작권 침해 행위가 담긴 1인 방송은 해당 콘텐츠를 삭제한다. 또 3개월 동안 커뮤니티 가이드 위반 경고를 세 차례 받으면 크리에이터 채널을 해지할 수 있다.

유튜브가 자신의 정책 기조에 맞지 않는 일명 해로운 동영상을 걸러내는 AI 기술은 점점 진화 중이다. 유해하다고 판단되는 영상은 수익이 금지되는 일명 '노란 딱지'가 붙는다. 이 역시 맹점은 있다. 내가 만든 영상 중 문명화되지 않은 브라질한 원주민과 선교사의 우정을 다룬 영상이 있었다. 감동적인 이야기임에도 영상을 올리자 노란 딱지가 붙었다. 알고 봤더니 옷을 입지 않은('중요 부위'는 모두 모자이크 처리를 했음에도) 원주민 사진을 사용했다는 이유인 것으로 보였다. 나는 유튜브에 재검토를 요청했지만 역시나 돌아온 답변은 해로운 콘텐트로 판단된다는 것이었다. 노란 딱지를 받고 재검토 요청도 기각되어 수익을 얻지 못하는 영상이 됐지만 기준을 엄격하고 보수적으로 운영하는 것에는 찬성한다. 규제 기관 없이 불특정 다수가 유튜브 영상을 만들어낼 수 있는 지금 환경에서는 보수적인 기준이 그나마 자정 능력을 키울 수 있는 길이라 생각하기 때문이다.

수익 창출 부분에 노란색 달러 표시와 함께 '제한됨'이라고 표시되어 있다.

유튜브가 이미 레드 오션이라는 말은 어떨까? 많은 사람이 유튜브를 하기에는 이미 늦었다고 말한다. 이미 유튜브를 시작한 이들의 선점효과 때문이다. 그러나 늦게 시작했어도 대형 유튜버로 발전하는 이들이 있다.

우리가 더 주목해야 할 점은 유튜브에는 젊은이들을 위한 콘텐츠에 비해 중장년층이 소비할 만한 콘텐츠가 현저히 부족하다는 것이다.

유튜브에 시니어 유튜버들을 격려하는 것을 목표로 한 구체적인 정책은 없지만, 모든 연령대의 크리에이터들에게 다양한 자원과 지원을 제공하고 있다. 예를 들어 크리에이터 아카데미는 비디오 제작, 채널 성장, 시청자 참여와 같은 주제의 무료 온라인 과정을 제공한다. 또한 유튜브에는 플랫폼을 사용하는 동안 질문이 있거나 문제가 발생하는 크리에이터를 지원하는 크리에이터 지원팀이 있다.

아직 선점할 분야는 많다. 고미술품 감정 정보 및 경매 채널 '이상문TV'처럼 중장년층이 소비할 만한 콘텐츠는 아직 늦지 않았다는 말이다. 소비 연령대가 다양해지는 한 낡고 고루한 콘텐츠는 없다. 어느 분야건 그저 선점하는 시니어가 승리자인 시점이다.

유튜브는 시니어 크리에이터를 기다리고 있다

미국 구글 본사는 2019년 구글 최대 개발자 회의 '구글 I/O' 행사에 박막례 할머니를 대한민국 대표 크리에이터로 초대했다. 같은 해 유튜브의 CEO 수잔 워치츠키가 박막례 씨를 만

나기 위해 직접 한국을 찾았고, 박막례 할머니 채널에서 토크쇼도 진행했다. 박막례 할머니는 구글 최고경영자 순다르 피차이와 만나기도 했다. 구글이 박막례 할머니에게 공을 들이는 이유는 유튜브의 향후 방향성에 딱 들어맞는 유튜버가 바로 박막례 할머니이기 때문이 아닐까?

박 할머니를 통해 유튜브가 실버 계층을 포함한 '전 계층이 이용하는 전방위적 플랫폼'임을 강조하는 동시에 특별하거나 자극적이지 않아도 일상적이고 선한 스토리로 누구나 스타가 될 수 있는 플랫폼임을 강조한 것으로 풀이된다.

구글이 원하는 유튜브라는 미디어는 유아기부터 시니어 세대까지 전 세대가 즐길 수 있는 무궁무진한 콘텐츠가 들어 있는 곳일 것이다. 실제로 유튜브를 보다 보면 압도감이 들 정도로 없는 것이 없는 미디어라는 걸 느낄 수 있다. 더욱더 없는 게 없는 미디어를 만들기 위해서는 새로운 유튜버가 필요하다. 10대에서 20대 콘텐츠 생산자가 압도적으로 많은 유튜브에서 시니어 유튜버는 귀한 존재인 것이다. 또한 대부분의 나라가 고령화 사회로 접어들면서 생산자 겸 소비자가 되는 시니어는 수익 면에서도 더욱 공을 들여야 할 세대일 것이다.

유튜브는 바보상자라고 불리는 TV와 달리 양방향 소통이 가능한 미디어다. 사람과 사람을 연결하고 그들의 관심과 경험을 반영하는 콘텐츠에 참여할 수 있게 한다. 알고리즘은 내가 관심이 있는 것, 궁금해하는 것을 귀신같이 찾아내 눈앞에 대령한다. 그리고 같은 생각을 가진 사람들이 자연스럽게 모이며 공동체 의식을 느끼게 한다.

새로운 미디어에 어쩔 수 없이 고립될 수 있는 높은 연배 사람들이 유튜브를 통해 서로를 연결하고 자연스럽게 공동체를 형성하는 순기능을 발휘한다면, 구글로서는 돈으로 환산할 수 없는 큰 가치를 갖게 된다.

누구나 나만의 콘텐츠가 있으니까!

나는 도무지 내세울 콘텐츠가 없다? 인기 유튜브 채널을 보면 특별한 진기명기를 보여주는 채널은 극히 일부에 불과하다는 것을 알 수 있다. 가장 개인적인 것이 가장 창의적이고 또 가장 크게 공감을 살 수 있는 소재다. 그런 의미에서 누구나 나만의 콘텐츠는 갖고 있는 법이다. 콘텐츠는 특별한 전문가의 영역이 아니다. 누구에게나 살아온 시간만큼 나만의 콘텐츠가 있다. 한평생 전문 직업이나 정당한 노동력이라고 세간에 평가받지 못했던 일이라도 그 안에는 알토란 같은 콘텐츠가 있기 마련이다. 멸치볶음을 할 때에는 먼저 멸치를 프라이팬에 볶아 수분을 날려야만 비린 맛이 사라진다는, 주부들에게는 너무나 당연한 요리법도 살림 노하우 콘텐츠로 주목받을 수 있는 시대다. 게다가 나이가 많다고 그의 콘텐츠가 고루하게 느껴지거나 낡아지는 것도 아니다. 나이에 상관없이 자신만이 쌓아온 인생 콘텐츠로 수익 창출을 할 수 있다.

누구나 인플루언서가 될 필요는 없다. 다만 시니어에게는 소통 창구가 있다는 것만으로 정신 건강에 도움이 된다. 비록 외출할 체력이 없다 하더라도 SNS라는 가상공간만 잘 활용한다면 타인과 정서적 교감을 나눌 방법은 얼마든지 있다.

시니어만의 이야기가 아니다. 결혼율은 수직 하락 중이고 연애조차 하지 않는 시대다. 여러 가지 이유로 1인 가구는 늘고 있으니 사람과 사람을 연결하는 것의 중요성은 날로 커질 전망이다. 이제 물리적으로 '모여 사는 방법'을 강구하는 개념이 아니라 '혼자여도 외롭지 않은 방법'을 찾는 사고방식의 전환이 필요한 시대다.

물론 SNS에서 악플이나 가짜 뉴스 같은 다양한 문제가 발생하고 있는 것도 사실이다. 인터넷을 전혀 사용하지 않던 사람이 그런 상황에 면역력 없이 노출되는 것은 큰 충격일 수 있다. 때로는 악플에 맞설 단단한 멘털리티도 필요하고, 나만의 객관적인 시선을 찾는 방법도 중요하다. 이 역시 SNS 안에서 다양한 사람들의 의견을 듣고 생각을 정립하는 과정이 필요한 것이니, 이러나저러나 SNS라는 도구 없이는 소통하며 살 수 없는 시대가 왔다.

나이가 들어서도 새로운 것을 시도하고 배우는 사람은 존경스럽다. 당연히 시간이 오래 걸리고 젊은 사람들보다 많은 시행착오도 겪을 수 있다.

여러 사람을 인터뷰하면서 새로운 시도를 두려워하지 않는 사람들의 특성 중 하나를 발견할 수 있었다. 바로 다른 사람을 이해하려는 자세가 깊다는 것이다. 사람이든 사물이든 잘 보고 잘 듣고 잘 생각하고, 인내심을 갖고 무언가에 몰두한다. 페이스북이건 인스타그램이건 혹은 동영상 사이트 틱톡이건 유튜브건 무엇이든 상관없다. 오늘 하루 나만의 계정을 만들어보면 어떨까? 더 나아가 사진 한 장을 올려보는 것만으로 당신은 이미 전 세계 사람들과 소통을 할 수 있는 지점까지 당도한 것이다.

Chapter 2.

나의 유튜버 도전기를 공개합니다

유튜버 백세시대:
당신의 삶이 콘텐츠

유튜브를 1도 모르고 시작했다

이제야 이 책을 쓰게 된 경위를 밝힌다. 친정아버지와 시아버지는 유튜브 마니아다. 친정에 가도 시댁에 가도 나의 두 아버지는 늘 유튜브를 끼고 살았다.

전남 지역에서 벼농사를 짓고 계신 시아버지는 유튜브를 보며 친환경 비료나 수제 막걸리를 만들며 소일거리를 하셨고, 크게는 새로운 농사 기술 정보를 익히며 자신의 농사일에 직접 시도하는 듯한 모습이셨다. 친정아버지는 한 걸음 더 나아가 직접 자신의 직업으로 유튜브 채널을 운영하기도 했다. 10만 명 가까이 되는 중대형 유튜버로 성장하는 과정도 옆에서 지켜볼 수 있었다. 자신의 직업을 유튜브로 발전시키는 두 아버지를 보면서 시니어 유튜브의 세계에 관심을 두지 않을 수 없게 되었다. 이제 유튜브는 실버세대의 미디어가 될지도 모른다는 생각이 들었다. 이후 기자라는 직업을 이용해 다양한 시니어 유튜버를 만났다.

그저 평범한 가정주부였던 할머니가 대형 유튜버가 된 경우도 보았고, 알 만한 사람은 다 아는 스타 강사나 연예인이 유튜브를 시작했는데도 구독자 1,000명을 넘기지 못하고 고군분투하는 모습을 보며 참 재밌는 세계라는 생각이 들었다. 자신이 경험한 시니어 유튜버의 세계를 정리해 보고 앞으로 유튜버로 제2의 인생을 꿈꾸는 시니어분들에게 새로운 정보를 제공하는 책을 쓰면 좋을 것 같다는 생각이 들었다. 마침 언론인 단체인 관훈클럽이 저술 지원금 공모전을 개최한다는 소식을 듣고 출판 기획서를 냈는데 덜컥 당선됐다. 시니어 유튜버의 성장과 가능성은 공모전 심사에서도 이미 확인된 것이라 여겨졌다.

그런데 막상 책을 쓰려니, 명색이 유튜버 가이드 책을 준비하는 사람인데 내가 유튜브를 하지 않고 무슨 할 말이 있을까 하는 생각이 퍼뜩 들었다. 부랴부랴 2022년 11월부터 유튜브 영상 업로드를 시작했고 약 3개월 만에 내 채널은 구독자 1,000명을 달성해 수익 창출이 가능한 채널이 됐다.

내 채널은 일종의 실험 도구였을 뿐, 특별한 목적은 없었기에 앞으로 어떻게 해나가야 할지 고민이 크다. 일단 1,000명을 달성한 3개월간, 주말도 반납하고 내달리며 울고 웃던 순간들을 독자 여러분을 위해 모두 공개하려 한다.

콘텐츠는 뭐로 하지?

"유튜브 구독자의 절반이 유튜버 같아요."

일하다 만난 모 언론사 유튜브 편집자의 이야기다. 언론사에서 콘텐츠를 만들지만, 자신은 유튜브를 하지 않는다면서 그렇게 말했다. 그것도 맞는 말이다. 유튜브가 이미 레드 오션이 됐다고 단정을 짓는 사람도 있다. 그런데 또 이만큼 단시간에 사람을 모을 수 있는 플랫폼이 또 있을까? 내가 유튜브가 아닌 블로그나 인스타그램을 했다면 3개월 만에 1,000명을 모을 수 있었을까? 그러지 못했을 것이다.

나 역시 콘텐츠가 많은 사람을 만나고 인터뷰하고 기사를 썼을 뿐, 자체 콘텐츠가 부족한 사람이다. 말솜씨가 탁월하거나 비주얼이 훌륭해 얼굴만 내밀어도 구독자가 올라가는 천운도 타고나지 못했다. 20년 가까이 언론사에 종사하면서 얻은 것은 '사람들이 선호하는 글', '궁금해하는 글감'이 무엇인지 정도는 알고 있다는 점이었다. 고급스럽게 표현하자면 기사 큐레이션 능력이랄까? 깊이는 없을지언정 얕지만 재밌는 지식을 선별하는 능력 말이다. 그래서 유튜브 콘텐츠는 '잡학 지식'으로 정했다. 채널명은 '지식 아닌 지식'이다. '지식 아닌 듯 지식인 듯' 한 가벼운 읽을거리, 아니 볼거리를 전달하고 싶다는 뜻이 담겨 있다. 어떤 구독자는 '자식 아닌 자식'인 줄 알고 신기해서 들어와 봤다는 댓글을 남겨 큰 웃음을 주기도 했다.

당연하지만 영 반응이 없었다

먼저 영상의 기본이 되는 원고를 썼다. 영상이 만들어지는 과정을 간단하게 써보면 한글 파일 A4용지에 두 장 정도 쓰면 7분에서 8분 분량의 영상이 나올 수 있다. 원고를 음성으로 녹음하고 관련 영상을 수집해 적절하게 편집하고 자막을 달면 한 편의 콘텐츠가 완성된다.

'여성이 발명한 10대 발명품', '커피에 숨겨진 10가지 이야기', '유통기한이 없는 음식 베스트 10', '두바이에서 체포당할 수 있는 12가지 행동'이 내가 초반에 만든 영상이다. 당연히 반응은 없었다. 주변에도 이야기하지 않았기에 한두 명이라도 찾아와서 본다는 자체가 신기한 상황이었다. 그렇게 한 달이 지나고 콘텐츠 하나가 사람들의 시선을 끌었다. 제목은 ‘우리가 몰랐던 이소룡의 아주 사적인 이야기’라는 영상이었다. 알고리즘을 탄 것인지 알 길은 없다. 그저 이소룡의 팬들이 모여들었는지 천 단위(당시 나에게는 감지덕지할 숫자) 조회 수가 터졌다. 이 조회 수에는 비밀이 있다. 반 정도는 ‘나의 실수’가 지분을 차지하고 있기 때문이다. 당시 영상에서 나는 이소룡이 만든 무예 절권도를 ‘절도권’이라고 잘못 말하는 바람에 본의 아니게 ‘어그로’가 되어

버렸다. 그 탓에 이소룡을 사랑하는 팬들이 몰려와 비난의 댓글이 우수수 달린 적이 있다. 처음에는 잘못을 인지하고 "실수했다", "주의하겠다" 몇 번 댓글을 달았으나 똑같은 지적이 끝도 없이 이어지다 보니 그냥 무시하자는 생각이 됐다. 그렇게 정보를 실수한 덕분에 유튜브 댓글의 무서움도 조금 알게 됐다. 향후 강조할 부분이지만, 불특정 익명의 댓글은 '그저 저런 의견도 있구나' 하고 참고만 할 뿐 마음에 두지 않는 편이 좋다. 어떤 이유에서든 구독자 수가 조금씩 늘기 시작한 나의 첫 유튜브 채널이었다.

사람들이 좋아하는 유튜브 소재란?

나는 영상을 만들면서 어떤 소재를 사람들이 좋아하는지 어렴풋이 파악이 되기 시작했다. 이것은 기사 조회 수와는 매우 달랐다. 일단 정리하자면 '이소룡' 같은 인지도 있는 사람이 등장하는 제목이나 섬네일이 사람들의 눈길을 끄는 건 맞다. 두루뭉술한 지식백과사전 같은 광범위한 소재보다는 구체적이고 명확한 소재를 고르고, 인물 한 사람에 중심을 두고 가는 편이 좋다. 그중에서도 잘 알려지지 않은 비하인드 스토리가 사람들의 흥미를 끌었다. 단순히 지식을 전달하는 것보다 특정 사건이나 인물을 소재로 삼는 것이 조회 수가 훨씬 잘 나왔다. 그렇게 채널의 방향성을 차츰차츰 조절해 나갔다.

그다음 터진 영상이 '나가사키의 딸들'이라는 역사 비하인드 스토리를 다룬 소재였다. 뮤지컬 <나비부인>의 모티프가 된 역사로, 일본 후쿠오카현 나가사키가 일찍이 개항하고 러시아 군인들이 들어오면서 현지처로 나선 나가사키 여인들의 이야기를 다룬 영상이다. 가장 가까운 이웃 나라이자 영원한 라이벌인 일본 역사를 다뤘고 '현지처'라는 흥미로운 역사적 소재로 사람들의 이목을 끈 것으로 보인다.

구독자가 내 관심사 중 무엇을 좋아할지 모른다면 소재를 조금씩 달리해서 이것저것 올려보는 것도 하나의 방법이다. 'Youtube 스튜디오'라는 본인의 채널을 분석해 주는 프로그램은 이럴 때 유용하다. 내 영상을 클릭한 사람들이 자주 보는 다른 채널의 영상에는 어떤 것이 있는지 보여주기 때문이다. 나의 예비 구독자들이 좋아하는 영상의 소재나 스타일을 찾아보며 따라 해보면 방향성에 대한 분석이 어느 정도 가능해진다.

구독자 한 명 한 명이 정말 소중하다

영상을 만드는 시간과 노력 그리고 공력과 상관없이 내 채널에 '구독' 버튼을 눌러준다는 것은 얼마나 큰 포용력이 필요한 일인가. 나 역시 유튜브를 소비하는 시청자 중 한 사람이지만, 그 채널이 엄청나게 마음에 들지 않는 이상 구독 버튼을 누르지 않는다.

초반에는 0명이라는 구독자 수가 당연한 것이다. 당시 0명을 바라보며 '아! 이러다 내가 지쳐 떨어져 나가겠구나'라는 생각을 했다.

사실 대형 유튜버들이 조언한 말 중 내가 실천하기 가장 어려웠던 일은 구독자와의 소통이었다. 무조건 영상에 달린 댓글에는 피드백을 주고 '좋아요'를 눌러줘야 한다는데, 사실 나는 댓글을 보는 것조차 부끄럽고 뭐라고 답변을 해야 할지 여간 고민이 되는 게 아니었다. 그저 고맙습니다라는 피드백을 적기에는 너무 영혼이 없는 것이 아닌가 하는 생각도 들었다.

그러다 한 명, 두 명, 열 명, 서른 명까지 늘어나는 구독자 수가 참 신기하게 다가왔다. '구독'을 누르기란 얼마나 크고 넓은 포용력이 필요한 것인가. 수익이고 뭐고를 떠나 내 채널을 선택해 준 한 명 한 명의 구독자들이 너무나 고마운 사람이라는 것을 실감한다. 능력은 아직 많이 부족하지만 그들의 구독이 부끄럽지 않은 콘텐츠를 만들어보자 다짐한다. 구독자가 수만 명이 되지 않더라도 그들을 위해 좋은 콘텐츠를 만들고 싶다는 힘이 불끈 솟는다.

그러니까 유튜브를 운영하는 원동력은 바로 나에게 문을 열어준 구독자들에게서 나온다. 내가 삯바느질하듯 한 땀 한 땀 기워 만든 작품을 보러 한두 명 모이기 시작하는 그 쾌감은 이루 말할 수 없다. 지금은 부족하지만 아마도 공력이 쌓이면 구독자들과 허심탄회하게 소통하고 이야기를 주고받는 순간이 오겠지? 온라인 소통은 무의미한 것이라 여기던 나였는데 유튜브 채널을 운영하며 시류를 타는 '메타버스 사회적 인간'으로 조금씩 성장하고 있다는 느낌이 든다.

알고리즘이 봐주는 2개월이 승부처?

한 자릿수에 머물던 조회 수가 갑자기 1,000뷰가 나왔다. 궁금증을 유발하는 섬네일 덕분도 있지만 알고리즘의 영향으로 보인다.

나는 지난 2022년 11월 유튜브를 시작했다. 초반 기세가 중요하다는 말을 듣고 3일에 한 번씩 욕심을 내어 영상을 올렸다. 일주일에 하루 이틀은 새벽까지 잠도 자지 않고 영상을 만들었다. 주변에서 '약 먹었나?'라는 소리까지 들었다. 그러나 초반 기세가 중요한 것은 사실인 듯하다.

원래 수십 회에 지나지 않던 영상 조회 수였지만, 여섯 번째로 올린 '모르고 먹으면 손해! 초콜릿의 12가지 이야기'가 갑자기 1,000회를 넘긴 것이다. 해당 영상이 특별히 잘 만든 영상은 아니기 때문에 아마도 알고리즘에 걸린 것이 아닌가 추측해 볼 수 있다. 유튜브는 먼저 시작한 사람들이 주류가 된 레드 오션이라고 할지라도 그중에 대박이 나는 유니콘 같은 유튜버가 있긴 하다. 그 경우가 아마 초반 알고리즘을 잘 탄 경우가 아닌가 싶다.

구글은 알고리즘의 원리를 철저히 비밀에 부치기 때문에 어디까지나 추측이다. 불행히도 유니콘 같은 유튜버가 아니었던 나는 그래도 하루에 적게는 한 명에서 많게는 열 명씩 차곡차곡 구독자가 늘었다.

그렇게 11월과 12월 두 달간 차곡차곡 쌓이면서 어느덧 300명이 되었다. 빵 터진 영상은 없지만 1,000뷰, 2,000뷰 영상이 늘면서 '아 이렇게 서서히 구독자가 느는 것이구나!'라는 생각이 들었다. 한 명 한 명의 구독자가 소중했다. 그러면서 채널의 정체성도 찾아갔다. 이것저것 영상을 올려보고 조회 수를 분석해 보니 나의 구독자들은 근현대사의 알려지지 않은 역사 속 인물에 대한 선호도가 높다고 판단했다. 상식 채널에서 역사(정확히 말하면 야사 혹은 비사) 채널로 성격을 바꾸었다. 채널을 개설한 지 3개월이 되면서 수익이 나는 기준인 총 시청 시간 4,000시간을 넘은 지 오래였지만 '1,000명'이라는 구독자 수는 턱없이 모자랐다. 그런데 정확히 1월 말이 되자 구독자는 늘지 않고 그야말로 채널이 얼어버렸다. 구독자도 조회 수도 전혀 늘지 않았다. 결국 채널 생성 초반 힘을 준 알고리즘이 드디어 나를 버린 것인가!

알고리즘 신이시여!

'이건 분명히 터진다!'

아무리 흥미로운 소재를 발굴하고 영상을 열심히 만들어도 조회 수 100회를 넘지 못했다. 최근 만든 영상들이 기본으로 1,000회 조회 수는 넘었던 터라 적잖이 당황했다. 느리지만 천천히 올라가던 구독자 수도 멈춰버렸다.

이유를 알 수 없었던 나는 매일 강박적으로 내 채널을 방문했고 구독자 수를 체크했다. 그러다 보니 심지어 구독자 –1이 되는 '구취(구독 취소)' 모습도 실시간으로 봐야 했다. '마상(마음의 상처)', 그야말로 뼈아프다는 말을 실감했다.

'아, 알고리즘의 신이 나를 버렸구나. 귀신같이 두 달이 지나니 이렇게 버림을 받은 거구나. 그 안에 승부를 냈어야 하는

데 너무 안일했다. 공부를 좀 더 하고 뛰어드는 건데.'

자책이 끊이질 않았다. 알고리즘이라는 것이 마치 신의 영역인 듯하다는 생각도 들었다. 기복 신앙을 섬기듯 정화수를 떠놓고 빌라면 빌 수도 있을 것 같았다. 많은 유튜버가 스트레스를 받는 이유도 여기에 있을 것이다. 나는 비록 초보 중의 초보지만 끊임없이 영상을 만들고 구독자 관리도 해야 하니 마음을 비우지 않으면 쉽지 않은 일임은 분명하다.

그저 책을 쓰기 위한 가벼운 도전이라고 생각했는데 모든 것이 수치로 판정이 나버리니 마치 매일 성적표를 받는 듯한 느낌이 들었다. 유튜브에 도전하는 분들은 부디 조바심은 놓고 천천히 임해 주시길 바란다. 앞으로 언급하겠지만 알고리즘은 초반만 봐주는 것은 아니다. 결국 나 역시 여러 일을 경험하고 구독자 1,000명을 넘긴 넘었으니까.

그럼에도 초반이 중요한 것은 사실이다. 유튜브를 준비한다면 철저하게 시장 파악을 하고 내가 어떤 콘텐츠를 만들 수 있고, 그중 사람들이 선호하는 것은 무엇인지, 내가 질리지 않고 꾸준히 할 수 있는 것을 신중히 고려해 시작하는 작업도 필요하다.

영상 하나에 500명 구독자가 붙었다

1월에는 그렇게 공치는 날이 계속되고 일주일에 두세 개씩 올리던 기백이 사그라들었다. 그래도 구독자 1,000명을 목표로 삼은 이상 포기할 수는 없었기에 일주일 한 개 정도 올리면서 추이를 지켜볼 따름이었다.

주변에서 나의 유튜브를 봐주던 지인이 "원래 그런 정체기가 있다고 하더라. 그럼에도 꾸준히 하는 것이 중요하다"라는 위로를 건네기도 했다.

그는 "의욕이 나지 않을 때에는 짧은 영상을 꾸준히 올리면서 이를 타개해 나가는 것도 방법"이라고 말해 주기도 했다.

정말 그럴까? 5분에서 8분 정도 되던 영상을 2분으로 줄여 조금씩 올리며 '성실함을 가장'했다. 그리고 자존심을 버리고 주변에 아무도 알리지 않고 하던 채널을 공개했다. 가족 친지, 친구는 물론 각종 카카오톡 단톡방에 나의 채널을 뿌리며 구독을 구걸했다. 이제 부끄러운 것도 없다며 떠들고 다녔다. 이런 '주변 영업'으로 간신히 구독자 50명을 모집했다. 300명에서 350명으로 늘었지만, 체감상 구멍이 뚫린 항아리에 물 한 바가지 넣은 것같이 1,000명에는 턱없이 모자란 숫자였다.

그러다 잊을 수 없는 운명의 날이 다가왔다. 2월 11일 토요일 밤 10시. 1980년대 제2의 매릴린 먼로라고 불렸지만, 비극적으로 생을 마감한 한 플레이보이 잡지 모델의 이야기를 '플레이보이 모델 도로시의 비극'이라는 영상으로 만들기로 한 것이다.

'아, 이거 정말 흥미로운 내용인데, 어차피 아무도 안 보겠지'라며 원고를 쓰고 녹음을 하고 영상을 만들었다. 그리고 일요일 오후에 올렸는데 한 시간 만에 100뷰가 나왔다. 그러나 이게 구독자로 이어질지는 알 수 없는 일이었다.

'오! 간만에 성적이 좋은데? 구독자 20명 정도만 모였으면 좋겠다.'

그러고는 유튜브는 잊어버리고 가족들과 함께 주말을 보냈다. 열심히 만든 영상에 구독자가 오르지 않는 것만큼 힘 빠지는 일도 없기에 일부러 보지 않고 주말을 즐겁게 보내는 것이 나의 습관이 된 지 오래였기 때문이다.

월요일 아침이 되어 슬며시 유튜브에 들어가 봤다. 이게 웬일인가! 구독자의 앞자리가 변해 있었다. 6으로 말이다. 하루 만에 200명이 넘었고 그다음 날 확인해 보니 또 100명이 늘어 구독자가 700명이 됐다. 해당 영상은 하루 만에 5만 뷰를 넘어섰다. '와! 유튜브라는 것이 이런 것이구나.' 소소하게나마 나름의 신세계를 경험한 순간이었다.

포장을 잘해야 팔린다

전전긍긍하며 구독자를 올리던 수개월간의 작업 그리고 단 하나의 영상으로 하루 만에 300명 구독자를 확보한 이후 조바심 낼 것 없이 영상 하나를 정성껏 만드는 것이 중요하다는 것을 깨달았다. 그렇다면 다른 영상에 비해 터진 영상의 비결은 무엇이었을까?

가장 큰 차이는 섬네일의 새로운 시도였다. 새롭게 수백 명의 구독자를 불러들인 영상은 미국에서 실제로 일어난 사건을 다룬 것이었다. 전도유망하던 모델이 점점 잘나가게 될수록 자신에게서 멀어지는 데서 위기감을 느낀 전남편이 그녀를 죽음으로 몰고 갔다. 섬네일을 만들 때 전남편의 총에 맞아 죽은 비운의 여인이니 핏자국을 살짝 넣어보자는 생각이 문득 들었다. 그렇게 완성한 섬네일이 바로 이것이다.

섬네일의 중요성을 절실히 느낀 때였다. 아무리 영상에 공을 들여도 사람들이 클릭하지 않으면 아무 소용이 없다. 서점

내 채널 중 가장 많은 뷰 수를 차지하고 있는 영상. '플레이보이 모델 도로시의 비극'.

에 가서 책을 고를 때에도 표지는 매우 중요한 요소다. 표지에 눈길이 가지 않으면 첫 장을 펼쳐보지도 않기 때문이다. 이것이 섬네일이 중요한 이유다. 누군가는 눈 뜨고 보기도 어려운 자극적인 요소만 강조한 섬네일에는 한계가 있다. 단번에 눈길을 끌긴 하겠지만, 전혀 다른 내용의 영상이거나 유익하지 않은 부실한 내용이라면 보는 이들은 실망감을 넘어 거부감이 들기 때문이다.

영상을 대표로 설명하는 사진이면서도 동시에 눈길을 끄는 섬네일을 만들어야 한다. 한 번에 그런 섬네일을 만드는 능력자라면 좋겠지만 그런 사람은 거의 없다. 하나씩 만들면서 경험을 쌓고 사람들이 흥미를 느끼는 지점을 본인이 스스로 느끼며 성장해 나가야 한다.

나의 경우 섬네일은 인물의 얼굴에 포커스가 집중된 일명 '다마샷(얼굴 컷)'이 사람들의 눈길을 더 끈다는 생각이 든다. 그리고 혐오를 조장하거나 자극적이고 '어글리한' 사진보다는 예쁘고 귀여운 사진 위주로 섬네일을 정한다.

또 섬네일에 너무 많은 글씨를 넣지 않는 것이 최신 트렌드다. 구구절절한 설명보다는 오히려 호기심을 자극하는 문구 하나를 넣는 것이 잘나가는 영상 섬네일의 특징이다.

섬네일 만들기 실력을 늘리는 방법은 잘나가는 영상의 섬네일을 내 나름대로 따라 해보는 것이다. 표절은 안 되지만 남들의 섬네일을 따라 만들다 보면 실력이 늘어 나만의 독창적인 섬네일 작품을 만들 수 있을 것이다.

동력을 잃지 말아야 한다

구독자 1,000명, 누적 시청 4,000시간이 넘으면 수익 창출을 위해 구글에서 보내는 개인 고유 IP.

두 개의 영상이 연달아 조회수가 터지면서 구독자 1,000명은 금세 달성했다. 구글에서 수익 창출이 이뤄질 것이니 세금 관련 문서를 작성하라는 이메일도 왔다. 또 수익을 주기 위한 절차 중 하나로 구글이 정해 준 내 고유 IP가 우리 집 주소로 배송되기도 했다.

유튜브를 시작할 때 지치지 않을까 했던 고민은 3개월간 폭주를 한 탓에 지칠 겨를이 없었다. 구독자가 한 명 한 명 늘어나는 것이 그저 신기할 따름이었다.

사실 열심히 찍고 편집하고 만들었는데, 알고리즘의 선택을 받지 못해 조회 수도 낮고 댓글도 달리지 않을 때에는 기운이 쭉 빠진다.

'정말 이건 반드시 좋아할 거야!'라고 확신하고 만든 영상이 무반응일 때면 멘붕까지 온다. 특히 나는 독자들이 좋아하는 기사 콘텐츠를 만드는 것이 직업이다. 20년 가까이 기사를 쓰면서 '이런 정보는 독자님들이 반드시 클릭하시지', '이런 화제성 있는 내용은 다들 궁금해하시지' 하며 읽는 이의 마음을 어느 정도 가늠할 수 있었다. 10,000뷰 정도는 거뜬히 쭉쭉 뽑아내다가 내 콘텐츠에 무반응일 때의 좌절감은 이루 말할 수 없다. 그냥 다 때려치우고 싶을 정도다. 모두 알고리즘 탓으로 돌렸지만, 지금까지 경험한 바에 의하면 조회 수나 구독자는 나의 성실함이나 영상을 만드는 역량에 더 좌우되는 것이 사실이다. 무엇보다 영상을 하루 이틀 올릴 것도 아니고,

내가 동력을 잃지 않고 계속 달릴 수 있는 콘텐츠를 찾는 것이 매우 중요하다.

적어도 수십 년 구천을 떠돌 나의 콘텐츠

언젠가 과학 잡지에서 읽은 글인데, 모든 형상에는 빛이 있고 또 모든 물체는 반사율 정도는 다르지만 반사한다. 형상의 빛은 끊임없이 물체에 닿아 반사를 거듭한다. 예를 들어 내가 거울을 보며 예쁜 표정을 짓는다. 이 표정은 거울에 반사되어 반대편 물체에 맺히는 동시에 또 그 반대편 물체가 또 다른 방향으로 반사를 한다. 내가 웃는 이미지는 사람의 눈에는 보이지 않거나, 굴절되어 형태가 달라질지언정 영원히 어딘가로 계속 반사되고 넓은 의미에서 그 빛은 사라지지 않는다는 것이다. 스스로 한 행동에서 비롯한 흔적의 중요함을 과학적으로 풀이한 말이다.

흔적을 남긴다는 것은 생각보다 매우 큰 의미가 있다. 특히 소셜미디어 시대에 온라인 속 흔적은 언제 어디서 내 발목을 잡을지 모른다. 싸이월드처럼 과거에 아무 생각 없이 올린 사진 한 장이 현재의 내 흑역사가 될 수 있다. 유튜브 채널 속 영상도 마찬가지다. 내가 살아 있는 동안, 아니 내가 죽어서도 나의 글, 나의 목소리, 내가 만든 영상은 사라지지 않는다. 시간이 흘러도 누군가에게 소비되며 계속 혼자 살아 움직일 것이다. 그렇게 생각하면 좀 섬뜩한 기분도 들지만, 그만큼 신중하게 영상을 만들어야 할 것이다.

결국 유튜브는 내가 만들어서 기록하는 것만으로 만족스럽고 언제 누가 봐도 기분 좋은 콘텐츠를 추구하는 것이 옳다. 비록 지금 인정받지 못하더라도 내 후손들이 '우리 할머니가 이런 것도 만들고 가셨네'라고 할 만큼, 남겼을 때 뿌듯한 기록의 의미를 가진 콘텐츠로 시작해야 한다. 그런 방향성을 갖는다면 알고리즘과 구독자의 외면에도 조바심 없이 지치지 않을 수 있지 않을까?

한 우물 파기가 중요하다

사실 아무리 잘 만든 재밌고 유익한 콘텐츠라도 알고리즘이 외면한다면 방도가 없는 것도 사실이다. 알고리즘이 신이라고 외치는 이유이기도 하다. 경험상 알고리즘을 타는 방법 중 중요한 하나가 채널 콘텐츠의 일관성이다. 처음 시작할 때에는 이것도 저것도 해보고 싶어진다. 그 마음은 이해하지만 채널의 색깔이 분명할수록 알고리즘의 선택을 받기 쉽다. 이것저것 세상의 모든 상식과 이슈를 담아내려던 내가 '비하인드 역사 인물'을 채널 성격으로 정착시킨 이유다. 확실히 인물에게 초점을 맞췄더니 알고리즘을 몇 번 타는 것을 실시간으로 경험할 수 있었다.

물론 성공한 유튜버 중에는 채널이 망해서 다른 계정으로 몇 번을 시도해 비로소 성공한 사람도 많다. 채널이 망하면서 쌓인 노하우로 알고리즘과 구독자가 선호하는 채널을 만들었으니 앞서 실패는 실패가 아니라, 그야말로 성공의 어머니였다.

실패를 두려워하지 않는다면 '아니면 말고'라는 생각으로 채널을 시작해 보고 접고 다시 시작하는 과정도 굉장히 좋은 도전이라 생각한다. 요즘 핫한 개그맨으로 떠오른 '다나카' 김경욱도 다나카 캐릭터를 기획하고 만든 최초 영상을 업로드한 때가 2018년이다. 처음에는 아무런 반응이 없었다. 알 수 없는 알고리즘으로 4년 만인 2022년에 주목을 받기 시작해 지금에 이르른 것이다. 내가 남들에게 들려주고 싶은 핵심 주제에서 크게 벗어나지 않고 성실하게 꾸준히 올린다면 야속하기만 했던 알고리즘 신은 언젠가 찾아오기 마련이다.

타깃층 구미에 맞는 편집

내 채널의 시청 타깃층을 명확하게 잡는 것도 중요하다. 이 역시 나의 시행착오 고백 중 하나인데, 유튜브는 20대나 어린 친구들이 주로 볼 것이라는 착각 아래 영상의 스피드는 무조건 빨라야 한다고 생각했다. 내레이션 속도를 1.3배로 하고 문장 간격 공백을 없애며 그야말로 빠르게 화면을 구성하고 편집했다. 그런데 내 유튜브 스튜디오의 분석에 의하면 가장 많은 구독자층은 40대에서 50대였다. 지식, 역사 채널에 관심이 많은 중장년층이 가장 많이 볼 것은 당연한데, 편집의 방향성을 잘못 잡아도 한참 잘못 잡은 것이다. 일부 구독자는 "화면이 너무 빨리 바뀌어 영상이 너무 정신없다", "왜 이렇게 말을 빨리 하느냐"는 댓글을 달기 시작했다.

그래서 내레이션 속도를 정상으로 돌리고 편집도 여유를 두고 만들었다. 게다가 요즘에는 영상에만 집중하는 것보다 화이트 노이즈로 틀어놓고 다른 작업을 하거나 혹은 수면 시간에 듣는 용도로 사용하는 경우가 늘어나면서 빠른 속도보다는 잔잔하고 다소 느린 속도의 영상을 선호하는 구독자도 크게 늘었다. 채널의 성격과 대상층에 따라 영상 속도나 편집

콘셉트, 기법을 고려해 제작하는 센스도 필요하다. 잘 만든 영상이란 타깃층에 맞는 내용, 편집, 분위기 삼박자가 맞는 것이라는 사실을 또 깨달았다.

무엇보다 수많은 시행착오와 실패를 두려워하지 않는 멘털이 중요하다. 실패하면서 얻는 경험치는 돈으로도 살 수 없는 것이기 때문이다. 단번에 잘될 것이라는 생각은 접고 차근차근 계단을 오르듯 도전해 나간다면 벅찬 성장을 경험하리라는 것을 장담한다.

가장 중요한 것은 첫째도 성실, 둘째도 성실

나의 유튜브 목표는 구독자 1,000명이었다. 1,000명까지 모은다면 유튜브 관련 책을 만들어도 최소한 부끄럽지는 않을 것이라는 생각이에서였다. 결국 유튜브를 시작하는 중장년층을 위한 책을 쓰려고 만든 채널인 만큼 1,000명을 달성하자 의욕이 이상할 정도로 금세 식어버렸다. 3개월간 반납했던 주말을 찾고 싶었고 허리와 어깨 그리고 눈(실제로 편집하며 모니터에 초집중하다 보니 각막에 미세한 상처가 많이 생겼다)이 조금씩 안 좋아지는 경험을 하면서 '이쯤 경험했으면 됐어'라는 생각이 들었다. 일주일에 두세 번은 올리던 횟수가 한 번으로 줄고, 그 한 번마저도 안 하고 넘어가는 날도 많았다. 한 달을 통으로 쉬기도 했다. 감사하게도 구독자들은 '구취'를 누르지 않은 것 같지만, 이런 나의 불성실함은 알고리즘이 가장 먼저 눈치챘다. 영상 하나를 올리면 하루 만에 1,000회는 넘었는데 영상 올리는 횟수가 줄어들수록 조회 수도 간신히 백 단위를 채우고 더 이상 늘지 않았다. 한 달 통으로 쉬고 올린 첫 번째 영상은 하루 기준 30회에 그쳤다.

이에 알고리즘을 타는 방법은 무엇보다 성실함이 가장 큰 비결이라는 것을 절실히 깨닫게 됐다. 내가 우연히 본 한 채널은 그날 화제가 된 뉴스를 짧은 영상으로 소개하며 하루에 적어도 서너 개씩 올리는 것을 본 적이 있다. 영상 퀄리티는 매우 떨어졌고 대부분 저작권이 있는 뉴스 영상을 살짝 방향만 비틀어 무단으로 사용해 만들고 있었다. 유튜브 수익 계산기 사이트로 해당 채널의 수익을 알아보니 한 달에 100만 원씩 쭉 수익이 나고 있었다.

이런 방향성을 권유하는 것은 아니다. 대충 만들어 양으로 승부하는 것은 우리가 유튜브를 하는 근본적인 목적인 기록의 의미를 전혀 담을 수 없기 때문이다. 게다가 방송사에서 저작권을 문제 삼는다면 채널이 망가지는 것은 한순간이다. 단지 하루에 서너 개씩 올리는 그의 성실함이 알고리즘의 비결이라는 것을 말하고 싶었을 뿐이다. 채널의 성공을 바란다면 첫째도 성실, 둘째도 성실이다.

잘나가는 영상 만들기

알고리즘의 모든 것을 파악할 수는 없지만 잘 만든 영상의 조건은 어느 정도 파악이 됐다. 경험을 토대로 알고리즘 선택을 받은 '잘 만든 동영상'을 다시 한번 정리하자면 다음과 같다.

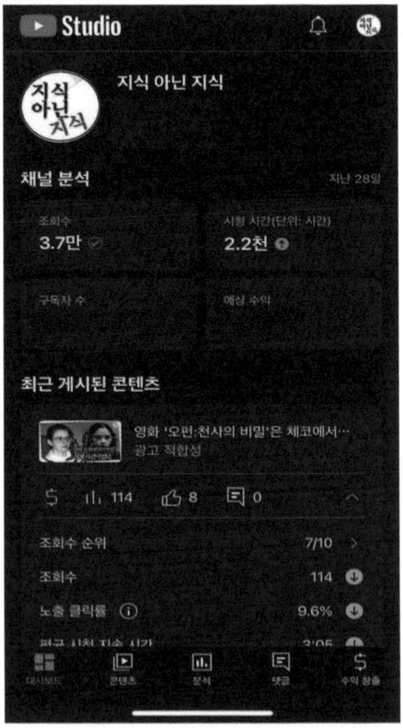

유튜브 스튜디오. 다각도에서 채널을 분석해 주고 구독자들의 취향부터 예상 수익까지 알 수 있다.

① 동영상을 올린 지 한 시간 안에 100회 조회 수가 넘으면 알고리즘이 반응한 것이라고 보면 된다. 물론 초보 유튜버에 한해서다. 기존 충성 구독자가 1만

명 이상 되는 채널은 제외다. 약 300명의 구독자를 늘려 준 내 영상의 조회 수 추이를 보면 그렇다. 그렇게 알고리즘을 탄 영상은 24시간 동안 5만 뷰 이상의 조회 수를 기록했다.

② 같은 주제를 유지한다. 알고리즘이 채널의 주제는 정확하게 파악하고 있는 듯하다. 이것저것 하던 초기와 달리 '역사적 인물', '비하인드 역사'에 초점을 맞추자 구독자가 조금씩 늘기 시작했다.

③ 물량 공세보다는 하나를 정성껏 만들자. 정성껏 만든 영상을 아무도 보지 않을 때의 허망함은 알고 있다. 그렇다고 대충 만들면 그야말로 아무도 보지 않을 뿐이다. 물론 하루에 서너 개씩 대충 영상을 만들어 올리는 헤비 업로드로 한 달에 100만 원씩 수익을 얻는 이도 있지만, 이는 결코 자신만의 아카이브라고 할 수 없다. 유튜버를 하는 의미, 본질을 벗어나서는 오래갈 수 없다.

④ 대문(섬네일)이 중요하다는 사실을 알았다. 평범해도 온화해도 알아서 찾아 들을 것이라는 생각은 최소 구독자 1만 명을 넘은 유튜버들에게나 해당하는 이야기다. 공들여 만든 영상을 평범한 섬네일로 포장하는 것은 값비싼

선물을 비닐봉지에 넣어서 건네는 것과 같다. 조금은 시선을 잡도록 자극적인 요소를 넣더라도 섬네일 포장지를 잘 써야 한다.

⑤ 유튜브 스튜디오에 보면 나의 구독자들이 영상을 자주 시청하는 요일과 시간대 규칙을 살펴볼 수 있다. 그 시간대를 노려 업로드하는 것도 방법이다. 나의 경우 대부분 사람이 나들이 후 휴식을 취하는 주말 저녁 시간이 조금 지난 8시부터 시청자가 많이 집중됐다. 타깃층에 따라 업로드 시간을 정하는 것도 방법이다.

재능은 체념을 허락하지 않는다

아직 갈 길이 멀지만 힘들 때 늘 떠올리는 글이 있다.

"재능은 체념을 허락하지 않는다"라는 김병수 정신과 전문의가 세계일보에 기고한 글이다.

희망하는 자아상을 포기할 수 없고 그것을 향한 도약은 어렵고 무서운 일이라 도전할 엄두를 내지 못할 때 우리는 심리적 고통을 겪는다는 것이다.

김병수 전문의는 자아 이상을 도저히 낮출 수 없을 때, 그걸 향해 끝까지 가보는 수밖에 없다고 말한다. 당연하지만 맞는 말이다. 그가 쓴 구절 중 "남다른 경험과 탁월한 콘텐츠는 부족하지만 수억 뷰를 자랑하는 크리에이터가 되어야 직성이 풀릴 것 같다면 그 길을 따라 계속 달려가야 한다. 이런 사람들은 오직 그걸 이뤄야만 만족할 테니까"라는 부분이 있다.

나를 극단으로 몰아보지 않는 이상 나에게 재능이 있는지 알 길이 없다는 것이다. '무엇을 잘한다'라고 규정한 뒤에 그것을 따라가는 사람은 아마 없지 않을까? 닥치는 대로 체험하고 나서야 내가 무엇을 잘하고 무엇이 부족한지 인지할 수 있다.

그는 재능이란 어떤 어려움이 닥쳐도 계속하게 만드는 힘이라고 정의한다. 시작해도 될까? 괜히 시간 낭비만 하는 것이 아닐까? 삼라만상에 괜히 시간 낭비라는 것이 있을까. 실패는 더 큰 배움이라는 것. 연륜 많은 시니어 여러분은 지난 삶 속에서 이미 몸소 체득한 너무 잘 알고 있는 명제일 것이다. 천천히 조금 늦더라도 나아가 보자. 내 안에 숨겨왔던 재능을 향해.

Chapter 3.

취미가
돈이 되는 시대

유튜버 백세시대:
당신의 삶이 콘텐츠

'건물주' 아닌 '콘텐주(主)'가 되시렵니까?

유튜브를 하다 보면 운영한 지 얼마 되지 않은 것 같은 대박 채널을 발견할 수 있다. 이들의 수익을 살펴보면 한 달에 1,000만 원 단위로 벌어들이는 모습을 쉽게 볼 수 있다. 건물주 부럽지 않은 '콘텐주'의 수익이다. 콘텐주란 무엇일까?

연예인 관련 뉴스 중에서 연예인 '건물' 관련 뉴스는 매번 엄청난 조회 수가 나온다. '건물주'는 건물의 주인으로, 일반인이 생각하기에 노동을 하지 않아도 월세 수입으로 풍족한 생활이 가능한 사람이다. 일반인은 건물주들이 슈퍼카를 타고, 명품 쇼핑을 즐기고, 골프를 치고, 유럽 여행이나 취미생활에 몰두할 수 있다고 상상한다. 건물주에게 가장 부러운 것은 노동을 하지 않아도 되는 현실일 것이다. 많은 이들이 시간 제약에서 자유롭고 경제적으로 풍족한 삶에 로망을 가지고 있다. 억지로 해야 하는 공부나 일에서 벗어나 인생을 진짜 즐길 수 있는 시간 부자가 되고 싶은 것이다. 장래 희망으로 건물주가 되고 싶다고 적는 초등학생들도 있는 지경이니, 이쯤 되면 다수의 로망이라고 할 수 있겠다.

하지만 평범한 샐러리맨이 건물주가 되는 일은 쉽지 않다.

부모에게서 물려받은 자산이 있다거나 기업 투자, 주식이나 코인 투자로 크게 성공하지 않고서는 달성하기 어려운 목표다. 그런데 모은 종잣돈에 대출까지 받아서 어렵게 건물을 구입한 건물주들도 요즘 같은 시국에는 수입보다 지출이 많다. 경기도 좋지 않아 건강한 세입자를 구하기도 어렵고 공실도 많아 '요즘 건물주는 골치 아프다'라는 말이 절로 나온다.

본인이 쓴 이전 서적 중 <조물주 위에 건물주 위에 이제 콘텐주>라는 책이 있다. 건물을 관리하고 세입자 관리에 골머리 썩는 '조물주 위에 건물주' 시대는 지났다는 내용이다. 이제 콘텐주다. 매달 일정한 수익이 따박따박 나는 콘텐츠를 가진 주인인 콘텐주(主)의 시대가 온다는 것이다. 실제로 요리연구가이자 기업가 백종원은 유튜브 수익만으로 매달 10억씩 찍힌다고 인증한 바 있다.

내가 잠을 자고 있어도, 여행을 가서 신나게 여흥을 즐기고 있어도 내 콘텐츠는 쉬지 않고 재생되면서 나에게 수익을 주고 있다고 생각하면 얼마나 행복할까? 건물주처럼 특별한 관리도 필요 없이 말이다.

메타버스 시대, 플랫폼에 나의 콘텐츠를 탑재해 수익을 얻는 것이 바로 '건물주 위에 콘텐주'다. 자신의 콘텐츠로 매달 수익을 올리는 창작자들이다. 취미생활을 하면서 돈도 벌면 얼마나 좋을까? 유튜브(콘텐츠)로 수익이 나는 것은 유튜브 자체 광고뿐만이 아니다. 유튜브의 수익 모델은 생각보다 굉장히 다양하다.

앉아서 돈 벌기 '유튜브 파트너 프로그램'

유튜브로 돈을 벌기 위해서는 유튜브 파트너 프로그램을 신청하고 유튜브로 승인을 받아야 한다. 이를 위해서는 몇 가지 조건을 충족해야 하는데, 일단 내 구독자 수가 1,000명을 넘어야 하고 영상을 보는 이들의 12개월 동안 시청 시간이 4,000시간 충족되어야 한다. 이 기준에 부합한다는 것은 일반적으로 킬러 콘텐츠가 있다거나 콘텐츠가 많이 제작되어 있어야 한다는 뜻이다. 일단 이 기준을 충족하면 구글에서 이메일이 온다. 세금 관련 서류를 작성하고(구글이 시키는 대로 읽고 따라가다 보면 그리 어려운 점은 없다) 자격이나 세금 서류가 완벽히 갖춰져 있다면 수익을 통장으로 받기 위해 입력해야 하는 개인 고유 IP 번호가 담긴 실물 우편물이 집으로 배달된다. 개인적 소회로는 발신처 Google이라고 표기된 우편물이 진짜로 집에 당도했을 때, '아 나도 진짜 유튜버가 됐구나'라는 감격스러운 기분이 들었던 터다. IP 주소를 넣고 수익이 100달러가 찼을 때 내 개인 통장으로 송금이 가능해진다.

이것이 아주 기본적인 유튜브 파트너 프로그램을 통한 '애드센스'라고 불리는 수익이다. 광고는 '건너뛸 수 있는 광고', '건너뛸 수 없는 광고', '중간 광고(동영상 길이가 8분 이상일 때 적용할 수 있는)', '영상 하단에 배너 형태로 뜨는 오버레이 광고', '컴퓨터에서 유튜브를 볼 때 오른쪽 위 끝에 뜨는 정

사각형의 디스플레이 광고(시청자가 해당 광고를 클릭해야 크리에이터에게 수익이 발생)' 등의 다양한 형태가 있고 이런 광고 옵션에 따라 수익이 다르다. 영상의 소재나 시청자들의 광고 시청 지속 시간, 광고주들이 지급하는 비용, 시청자 거주 국가 등 다양한 요소에 의해 광고 수익은 각기 달라진다. 무조건 광고를 남발하면 당장 수익이 날지는 모르겠으나 구독자가 기피하는 경우가 있어 장단점을 따져 적용하는 적당한 선이 필요하다.

광고의 종류, 어떤 것들이 있을까?

디스플레이 광고: 추천 동영상 오른쪽에 게재되며 PC에서만 보인다. 시청자가 광고를 시청하거나 클릭하면 광고 수익이 들어온다. 시청을 방해하지 않고 시청자 거부감이 덜하다는 장점이 있다.

배너 광고: 콘텐츠 하단에 게재되며 역시 PC에서만 볼 수 있다. 배너를 클릭하고 전체 광고를 시청해야 광고 수익이 들어온다. 광고 단가도 낮고 배너가 콘텐츠 자막이나 이미지를 보는 데 방해가 되는 일도 있다.

5초 후 스킵 광고: 영상의 앞뒤 혹은 중간에 삽입된다. 광고 길이는 보통 2~3분 길게는 5분인데 시청자가 30초 이상(광고주 설정에 따라 다를 수 있다) 시청해야 광고 수익이 발생한다. 다른 광고에 비해 시청 방해도가 낮아 유튜버들이 가장 일반적으로 설정하는 광고 유형이다.

스킵할 수 없는 광고: 시청자가 14~30초 길이의 광고를 다 봐야만 콘텐츠를 시청할 수 있다. 단가가 가장 높은 광고다. 그러나 광고가 나오면 참지 못하고 이탈해 버리는 예도 많아 대개는 잘 선택하지 않는 유형이다.

범퍼 광고: 스킵할 수 없는 광고지만 길이가 6초 정도라서 시청자가 부담스럽지 않게 기다린다. 최근 광고주들이 가장 선호하는 유형이다.

일어서서 돈 벌기 '채널 멤버십'과 '슈퍼챗'

'채널 멤버십'과 '슈퍼챗'은 수익을 위한 적극적인 행동을 요하기에 '앉아서'가 아닌 '일어서서 돈 벌기'라는 제목을 붙였다. 먼저 '채널 멤버십'은 구독자가 3만 명이 넘는 채널부터 열 수 있다. 말 그대로 콘텐츠를 보기 위해서는 멤버십에 가입한 구독자가 매월 이용료를 지불해야 한다. 이용료가 크리에이터의 수익으로 이어지는 수익 시스템이다. 단, 아동용 콘텐츠 채널은 이 멤버십을 이용할 수 없다. 채널 멤버십은 그 사람에게서만 들을 수 있는 전문적인 지식 혹은 구독자들과의 유대 관계가 끈끈한 경우 사용할 수 있는 수익 시스템이다.

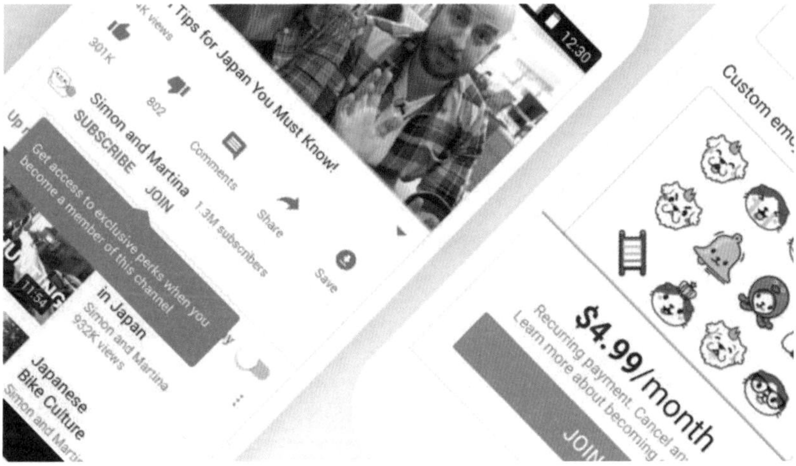

'유튜브 채널 멤버십' 안내 이미지. 멤버십이란 구독자가 매월 이용료를 지불하며 콘텐츠를 보도록 하는 수익 제도다.

슈퍼챗과 슈퍼 스티커는 주로 실시간 방송을 하는 크리에이터들이 걸어놓는 후원금 제도다. 아프리카TV로 따지면 '별풍선'과 같은 시스템으로, 슈퍼챗(돈)을 크리에이터에게 후원해 채팅 피드 상단에 고정된다든가, 자신의 메시지를 강조하는 효과를 누릴 수 있다. 광고 수익보다 훨씬 높은 후원을 받을 수 있기 때문에 유명 크리에이터들이 주로 활용하는 수익법이다. 명암은 있다. 큰 수익을 얻을 수 있지만 일일이 구독자들의 심기를 살피고 실시간으로 소통해야 하기에 심적 피로도가 높다. 만화가 '침착맨' 이말년은 구독자 200만 명을 넘는 인기 크리에이터로 구독자들과 주로 실시간 방송을 하고 있다. 최근 그는 3주를 쉬겠다는 '휴방' 선언을 했다. 그 이유로 '정신적으로 오락가락하는 느낌을 많이 받는다'라며 번아웃 증후군을 호소했다.

작가이자 유튜버 이말년은 번아웃을 호소하며 3주 휴방 선언을 했다. 출처: MBC

"내 행동에 대한 반응이 예상되지 않고 있다. 가만히 이야기 듣고 있으면 집중 안 하냐고 하고, 몰입해서 이야기하면 화를 낸다고 하고, 궁금해서 물어보면 꼬투리 잡고 이겨먹으려고 한다고 하고, 집중하면 지루해서 졸리냐고 하고, 배려하면 눈치 본다고 하고, 농담하면 무례하다고 하고, 신나면 억텐(억지로 텐션을 끌어올리는 행동)이라고 하고 저의 행동이 의도와 다르게 모두에게 그렇게 전달되는 것이면 저의 문제 맞겠지요?"라며 요즘 감정적으로 혼란스럽다고 토로했다. 뭐든 쉬운 일은 없지만 나의 육체적, 정신적 건강을 해치지 않는 선을(모두 즐겁자고 하는 일이니까) 알고 개인 채널을 운영하는 것은 중요한 일이다.

내 채널이 쇼핑몰과 광고판이 된다?

말 그대로 많은 구독자가 모인 나의 플랫폼을 쇼핑몰로 이용하는 것이다. 구독자 1만 명 이상 되는 채널이 이용할 수 있는데 주로 '라이프'나 '일상' 관련 채널이 사용할 수 있는 적극적인 수익 시스템이다. 시청자가 보기 페이지에 진열된 상품을 구입하면 나에게 수익이 돌아오는 것으로 한 번에 최대 12개 제품을 보여줄 수 있다. 이 역시 아동용 채널은 사용할 수 없다.

그 외에도 실제 광고 영상 제작을 의뢰받거나 자기 영상에 상품을 노출하는 PPL 의뢰를 받는 일도 있다. 물론 유튜브의 구독자 수나 인지도에 따라 다르겠지만, 시청자층이 확고하고 꾸준히 유입되는 채널이라고 생각한다면 광고주들에게서 연락이 올 수 있다. 아직까지 유튜브 콘텐츠 제작 기준가가 형성되어 있지 않기 때문에 원하는 광고비를 제안할 수 있는 점도 큰 장점이다. 이제 모든 사업이 플랫폼 사업으로 변하고 있다. 유튜브 채널 역시 구독자가 모여 있는 큰 플랫폼이라고 볼 수 있다. 예쁘게 정성 들여 가꾼 정원처럼 사람들이 모여들면 내가 영업하고 발로 뛰지 않아도 돈 벌 기회는 절로 생긴다.

그뿐만이 아니다. 내가 현재 사업장을 꾸리고 있어도 유튜브는 중요한 마케팅 플랫폼이 될 수 있다. 과거에는 블로그로 마케팅을 했다면 이제 영상 플랫폼으로 점점 옮겨가는 추세다. 공장을 운영하는 지인 중 자신의 공장 영상을 올리는 유튜브 채널을 운영하는 이가 있다. 구독자는 아직 500명밖에 되지 않지만 유튜브를 통해 들어오는 일감이 반 이상을 차지한다고 말한다.

Chapter 4.

알고리즘 타는 영상 만들기

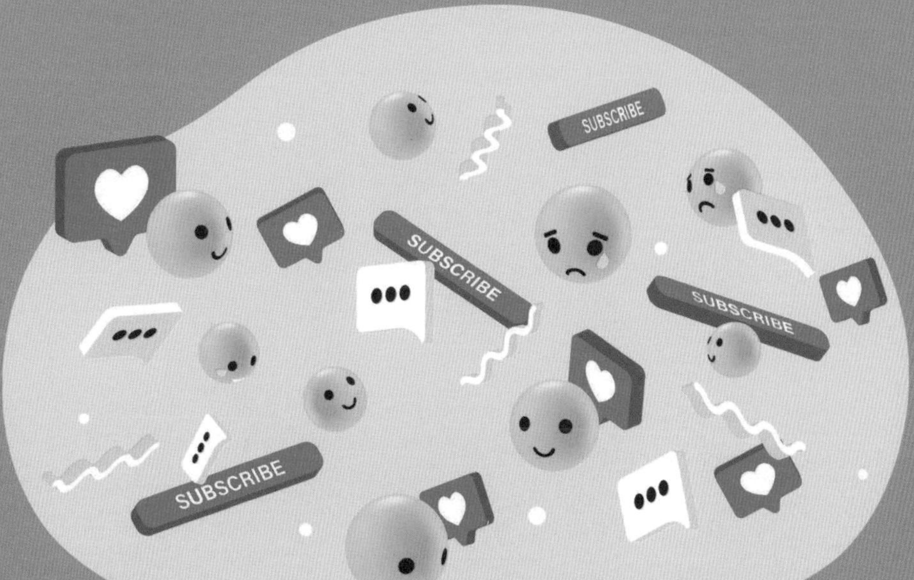

유튜버 백세시대:
당신의 삶이 콘텐츠

알고리즘 타기 4가지 기본은?

실전 유튜버가 되기 전 꼭 읽고 넘어가야 할 정말 중요한 정보가 담긴 챕터다. 많은 유튜버를 울고 웃게 한 알고리즘에 관한 이야기를 담았다. 알고리즘이란 해석하자면 '공식'이다. 어떤 문제 해결을 위해 입력된 자료를 토대로 만들어내는 컴퓨터의 규칙 같은 것이다. 구글은 유튜브 내에서 사람들 개개인의 취향을 분석해 잘 볼 것 같은 영상을 추천한다. 바로 이 알고리즘 공식에 의해서다. 간단히 말해 유튜브 메인 화면에 뜬 영상을 두고 우리는 '알고리즘을 탔다'라고 말한다. 알고리즘은 구독자를 끌어들여 대형 채널로 발돋움할 수 있는 절대적 기회인 셈이다.

구글은 사실 유튜브 알고리즘에 대해 공개한 적이 없다. 알고리즘을 악용할 수 있기 때문이기도 하고 또 AI 알고리즘은 새로 제작된 영상을 토대로 하여 실시간으로 꾸준히 딥러닝을 하고 있어서 인위적으로 손을 대지 않아도 알고리즘이 변화하고 있기에 공개하는 것이 의미가 없을 수도 있기 때문이다. 그럼에도 수많은 미디어 전문가들이 이 유튜브 알고리즘을 파악하고 이용하기 위해 매달리고 있다. 구글이 발표한 기본적인 알고리즘의 원리만 다루어보고, 확인되지는 않았지만 실제로 경험한 '비공식' 알고리즘 원리에 관해서도 살짝 다뤄본다.

구독자들의 만족도 '좋아요'

알고리즘은 구독자에게 영상을 추천하는 일을 한다. 예를 들어 '역사' 관련 채널이나 영상에 좋아요, 구독을 눌렀다면, 알고리즘은 "그래? 그게 좋아? 그럼 이건 어때?" 하면서 비슷한 역사 영상을 추천한다. 즉 구독자가 특정 채널이나 주제를 얼마나 자주 보느냐에 따라 알고리즘이 결정된다는 것이다. 최근 많은 사람이 시청한 인기 있는 주제와 비슷한 주제들이 알고리즘을 탈 확률이 높다. 좋은 콘텐츠들을 많이 보고 영상의 구성이나 연출, 진행 그리고 섬네일까지 벤치마킹해 보는 것이 필요한 이유다. '일단 따라 해보는 것' 그것이 유튜브 영상 제작에서 성장의 지름길이기도 하다. 물론 내용을 그대로 베껴서는 안 된다. 최근 한 대형 유튜버가 유료 강의를 하며 무단으로 인기 동영상들의 '섬네일과 주제 베끼기'라는 꼼수를 '노하우'라고 퍼뜨려 물의를 일으킨 바 있다. 모방은 창조의 어머니라지만 모방을 통해 피해자가 생긴다면 그것은 범죄에 가까운 행위가 된다.

추천 동영상 되기

하나의 영상을 보고 나면 '추천 동영상'이라는 것이 뜬다. 구독자가 다음에 보고 싶어 할 영상을 알고리즘이 추천하는 것이다. 높은 조회 수가 나온 인기 영상의 추천 동영상이 된다는 것은 마치 복권에 당첨되는 큰 행운과 같다. 추천 동영상이 되는 것도 실시간 큰 이슈를 이용하는 것이다. 국내나 해외에서 큰 이슈나 사건이 터지면 그에 대한 논평이나 관련 과거 뉴스 등이 추천 동영상이 될 가능성이 크다. 시사 채널을 운영하고 싶다면, 발 빠르게 현재 쟁점이 되는 사건이나 조회 수가 갑자기 높아진 영상과 비슷한 결의 영상을 만드는 것이 알고리즘을 탈 수 있는 하나의 방법이다. 단, 조급함은 사람을 지치게 할 수 있으므로 내 속도에 맞추길. 알고리즘은 모두에게 공평하게 적용된다고 하니 마음을 내려놓고 '나의 쇼타임'을 기다려보자.

꿈의 무대 '인기 급상승 동영상'

인기 급상승 동영상은 유튜브에서 큰 인기를 끌고 있는 영상을 모아놓은 곳이다. 약 15분마다 새로 게재되고 그 순위가 실시간으로 바뀐다. 인기 급상승 동영상에 한번 오르면 당연히 엄청난 조회 수가 따라오기 때문에 크리에이터들에게는 꿈의 무대라고 할 수 있다. 구글에 따르면 인기 급상승 동영상이 되는 조건은 첫 번째 다양한 시청자의 관심을 끄는 영상, 두 번째 유튜브에서 일어나고 있는 일들을 다루는 영상, 세 번째 전 세계에서 일어나고 있는 일들을 다루는 영상을 노출하는 것이라고 한다. 인기 급상승 영상을 선정할 때에는 조회 수와 조회 수 증가 속도, 업로드 기간, 유튜브 외부를 포함한 조회 수 소스, 같은 채널에 최근 업로드한 다른 동영상과 해당 동영상을 비교한 결과 등 까다로운 조건이 충족되어야 해서 쉬운 일은 아니다. 더욱 아마추어 유튜버에게는 쉽지 않은 자리임은 확실하다.

인기 급상승 동영상에 도전하라고 언급한 것은 아니다. 인기 급상승 동영상을 보면서 내 채널은 어떻게 만들지 참고하고 구상하는 용도만으로 충분하다. 현재 시점 유튜브 내에서는 지금 어떤 것이 유행하고 있는지, 사람들이 어떤 것에 관심이 있는지 알 수 있다. 또 인기 동영상은 주로 어떤 소재의 콘텐츠인지, 섬네일은 어떻게 쓰고 있는지, 따라 할 여지는 없는

지 살펴보는 것이다. 여기서 좀 더 나아가 더 자세히 알고 싶다면 인기 영상을 집중적으로 보면서 편집과 촬영 기술, 자막 다는 법, 유행어(드립) 쓰는 법을 보는 것도 유튜브 준비에 도움이 된다. 일주일에 한 번 정도 이런 시간을 갖는 것만으로 어떤 소재를 찾아 어떤 채널을 만들지 감이 올 것이다.

취향 저격의 시대

구독자가 많을수록, 많은 사람이 본 영상일수록 알고리즘을 타는 것은 당연하다. 어쩔 수가 없다. 이런 현상을 두고 누군가는 '선점효과'가 너무 심하다며 유튜브는 '레드 오션'이라고 단정 짓기도 한다. 그러나 어떤 '고인 물 생태계'라 해도 유니콘은 존재한다. 게다가 유튜브는 전 세계 인구가 가장 많이 사용하는 단연 넘버원 플랫폼이다. 절이 싫으면 중이 떠나는 법이지만 여전히 기회의 장임은 확실하다.

그렇다면 구독자가 구독과 좋아요, 알림을 잘 누르는 채널은 어떤 채널일까? 구독 버튼을 받는다는 것은 쉽지 않은 일이다. 내 채널 역시 통계적으로 살펴보면 100명이 보아야 한두 명이 구독할 정도의 확률이다(물론 내 채널이 그만큼 매력이 없기 때문일 수도). 이렇듯 가장 중요한 것은 '이 채널은 두고두고 봐야지' 하는 매력적이고 흥미로운 영상이어야 한다는 점이다. 또한 영상들의 주제가 일관적이어야 한다. 영상의 주제가 일관적이지 않으면 나에게 흥미가 없는 영상이 올라올 수도 있는 채널이기에 일단 구독 버튼은 보류가 된다. 취향 저격의 시대다. 내 취향에 딱 맞는 누군가는 반드시 있기 마련이다. 묵묵하게 내가 좋아하는 같은 주제로 꾸준히 만들다 보면 알고리즘의 신이 찾아올 날은 온다.

취향 저격이라지만 대중성을 간과할 수 없다

취향을 저격하는 콘텐츠는 충성 구독자를 만들긴 하지만 초반 운영은 쉽지 않을 것이다. 숙성이 필요하다. 이런 기간을 기다리기 지루하다면 취향에 대중성 한 방울을 섞어보는 것은 어떨까? 다수의 사람이 관심을 두도록 소재의 범위를 살짝 확장한다면 적게나마 꾸준히 구독자 수는 늘어갈 것이다. 그러면서 점점 소재를 좁혀 취향을 저격해 가는 방법도 좋은 빌드업이라 생각한다. 채널의 정체성을 놓치지 않고 누구나 관심을 가질 수 있는 소재를 고르는 것이다.

소재의 범위를 확장한다는 말은 예를 들면 이렇다. 나의 취향은 붓글씨 쓰기라고 하자. 붓글씨를 쓰는 영상이나 관련 노하우를 전수하는 채널을 만들고 싶다. 그럴 때 대중성을 부여하자면 붓글씨 대신 서도 혹은 손글씨로 넓게 초점을 맞춰 두루뭉술하게 '글씨 콘텐츠'로 사람들의 이목을 끄는 것이다. 손글씨를 접할 일이 줄어든 요즘 젊은 세대 사이에서도 손글씨에 관한 관심이 높아지고 있으니 좋은 결과가 있을 수 있다. 아니면 붓글씨에 ASMR을 더해 벼루 가는 소리를 들려주는 것도 대중성을 잡을 수 있는 시도다.

그렇게 되면 붓글씨를 좋아하는 사람은 물론 ASMR을 듣고 싶거나 손글씨 영상이 보고 싶어 유튜브를 켠 사람의 알고리즘에도 당신의 채널이 반영될 수 있다. 그러다 보면 정체성을 잃지 않고 다양한 콘텐츠를 제작할 수도 있게 된다. 역사적인 인물의 붓글씨 솜씨를 해설해서 인물에게 초점을 맞출 수도 있을 것이다. 그렇게 되면 한국사에 관심이 많은 역사 마니아들의 알고리즘에도 걸릴 수 있다.

지금까지 알려진 이런 식의 유튜브 알고리즘으로 인해 더 많은 사람에게 노출이 되고 싶다면, 초반에는 대중성을 띤 소재를 내 콘텐츠에 차용해야 유리한 것이 사실이다.

대중성이 있는 콘텐츠는 무엇일까요?

대중성이 있는 콘텐츠, 즉 사람들이 눈길을 주고 클릭을 유도하는 콘텐츠들은 정해져 있다. 여러분들은 어떤 영상을 클릭하는가? 나 자신을 생각해 봐도 대중성은 어느 정도 감을 잡을 수 있다. 몇 가지 대중성 있는 소재를 언급해 보면 일단 재테크다. 소위 돈에 관련된 영상은 다수가 주목하기 마련이다. 어떤 소재든 돈에 연결해 보면 답은 나온다. 식물 키우기 관련 채널을 운영하고 싶다. 그럼 희귀 식물을 키워 파는 식테크(식물 재테크) 영상을 한번 올려보자.

'희귀 식물 몬스테라 알보 키우기'와 '잘 키운 몬스테라 알보 60만 원이 되었어요'와 같이, 똑같은 식물 키우는 영상이라도 '돈'이란 제목을 달고 나온 영상은 조회 수 차이가 날 것이다.

내 영상과 관련된 유명 연예인을 언급해도 눈에 띌 수밖에 없다. 이는 유튜브 영상뿐만 아니라 기사 제목 달기와도 비슷한데, 본문에서는 주체가 되지 않는 연예인이나 유명 유튜버를 제목에 넣어 일부러 눈에 띄도록 하는 것이다. 일명 '제목 장사'라고 불리는데 '백종원도 좋아하는 파인애플 피자 먹어볼게요'라는 식으로 제목을 단다. 유명인의 인지도를 이용해 이런 식으로 계속 제목을 쓰면 피로감이 들겠지만, 간혹 재치 있는 제목 달기로 이용하면 나쁘지 않은 방법이 된다. 내 소재와 맞는다면 지금 한창 사람들에게 화제가 되는 이슈나 사건을 이용해 제목을 만드는 것도 눈에 띄는 방법이다.

인내가 있어야 대박도 있다

영상 대여섯 개 올리고 구독자나 조회 수에 변화가 없다며 "나는 유튜브랑 맞지 않나 보다" 하기에는 너무 성급한 판단이라고 생각한다. 수년 만에 이유도 모른 채 자신의 영상이 알고리즘을 타 인생이 바뀐 사람의 사례를 십수 건은 보았다. 앞서 언급한 대로 좋은 콘텐츠를 만들며 찬찬히 기다리면 기회는 반드시 온다. 최소 30개 이상은 만들고 추이를 지켜보기를 권한다. 그 시간은 무의미한 것이 아니다. 그 안에서 나는 배우고 있고 계속 성장하고 있다.

내 경우에는 편집을 하나도 모르는 상황에서 차근차근 배우면서 영상을 만들기 시작했고, 70여 개 가까이 영상을 만들다 보니 어느새 아마추어치고는 편집은 좀 하는 사람이 됐다(아직 많이 부족하지만). 나이 마흔 중반에 뜻하지 않은 기술을 얻게 되니 자연스레 영상 공모전으로 눈이 돌아갔다. 국내 공공기관, 지자체, 사기업, 재단 등 요즘 영상 공모전을 그렇게 많이 개최하는 줄은 처음 알았다. 게다가 일반인을 대상으로 하는 공모전은 내 편집 실력으로도 도전할 만했다. 최근에는 일반 사람들을 대상으로 한 숏폼 챌린지 공모전에 도전해서 꽤 두둑하게 상금을 받기도 했다. 영상 공모전 헌터가 되어볼까 생각 중이다.

정작 유튜브로 수익을 많이 얻지는 못했지만 이런 공모전에 도전할 수 있었던 것도 결국 유튜브 영상을 만든 경험이 있었기 때문이다. 시작만으로 당신은 이미 성장하고 있다!

Chapter 5.

국내 할머니 할아버지 유튜버

유튜버 백세시대:
당신의 삶이 콘텐츠

인기 있는 시니어 유튜버의 특징은 무얼까?

사랑스러운 할머니, 인자한 할아버지. 젊은이들에게는 보기만 해도 힐링이 되는 존재다. 트로트 팬덤을 취재한 적이 있다. 품을 떠나 자기 삶들 사느라 바쁜 자식들 대신 부모님들은 임영웅, 송가인, 김호중을 택했다. 그들의 노래를 들으며 자식을 사랑하는 마음으로 그들에게 사랑을 준다. 가족 간, 친인척 간 교류가 적어질수록 기존 감정을 대체해 줄 대상이 필요한 시대다. 젊은 사람 중에는 무슨 일이 있어도 내 편이고 언제든 사랑으로 나를 감싸던 조부모의 기억을 유튜브에서 찾는 이들이 많다.

초기 유튜브에서 레거시 미디어가 담지 못하는 일명 추악하고 선정적이고 혐오스러운, 부정적인 영상이 판을 칠 때가 있었다. 자극적인 것에 눈이 쏠리는 것은 당연한 현상이다. 구글 측은 이런 무질서를 바로잡고 정화를 위해 '노란 달러' 시스템을 마련했다. 이런 반사회적인 영상을 걸러 노란 달러(노란 딱지)를 붙인 다음 수익 창출이 되지 않게 만드는 것이다. 이런 시스템으로 유튜버들이 일부분 자체 정화되는 효과를 얻기도 했다.

그렇다면 진짜 사랑받는 시니어 채널에는 어떤 특징이 있을까? 조언이나 가르침보다는 존재만으로 귀엽고 사랑스러운, 마치 우리네 할머니, 할아버지들을 떠올리게 하는 평범하지만 따뜻한 사람들이 확실히 인기가 많다.

먼저 유머다. 유튜브에서 꾸준히 많은 사람에게 선택받는 채널은 남녀노소 동서고금을 막론하고 '유쾌하고 재밌는 영상'이다. 결국 자극적인 것은 잠깐이다. 구독자들이 보고 싶어 하는 콘텐츠는 대부분 재밌고 즐겁고 감동이 있는 긍정적인 영상들이다.

신뢰성도 중요하다. 내용이 아무리 재미있다고 해도 누군가를 비하하거나 잘못된 가짜 뉴스를 남발한다면 채널은 다수의 사람들에게 오래 사랑받기 힘들어진다. 궁극적으로 따뜻하고 신뢰가 가는 내용이 구독자들에게 호감을 주기 마련이다.

열정도 필요하다. 이미 유튜브를 계획하고 있는 시니어라면 그 열정만으로 우선 합격이다. 요리든, 여행이든, 게임이든 아니면 완전히 다른 것이든 열정을 갖고 채널을 운영한다면 그것만으로 매력적이고 박수를 받을 수 있다. 특히나 시니어임에도 젊은 사람들 못지않게 무언가에 몰두하는 모습은 존경받는 인생 선배인 것이다.

마지막으로 꾸밈이 없어야 한다. 유튜브는 비록 메타버스(가상현실)의 세계지만, 그럴수록 진솔하고 진정성 있는 모습이 최고의 미덕이다. 다소 평범하더라도, 다소 촌스럽더라도 허세 없이 솔직하게 구독자들에게 다가가야 한다. 유명인이라고 무조건 유튜브 채널이 성공하진 않는다. 평범하더라도 내 일상의 그리운 누군가를 떠올리게 한다면 충분히 구독자들이 좋아해 줄 것이라 믿는다.

책을 통해 계속 강조하겠지만 삶에 대한 오랜 경험과 통찰력 있는 생각을 가진 시니어는 누구나 인기 있는 유튜버가 될 수 있다. 이미 많은 선배 시니어 유튜버들이 많은 사람에게 사랑받고 있으며, 자신을 중심으로 강력한 커뮤니티를 구축해 제 2의 인생에서 최고의 전성기를 누리고 있다.

사랑받는 선배 유튜버들은 진정성 있고, 열정적이고, 현명하고, 유머러스하고, 공동체 중심적인 경향이 있다. 그들은 호감도 높은 말투와 행동을 장착하고 알찬 정보를 제공하며, 재미있는 콘텐츠를 만들고 있다. 나라고 못 할 일은 없지 않을까?

사실 아직 우리나라에서는 해외만큼 시니어 유튜버가 활발히 활동하고 있지는 않다. 취미와 여가 생활에 여유가 생기는 은퇴 시니어가 나타나는 태동의 시기라고 볼 수 있다. 주목할 만한 다양한 분야의 국내 시니어 유튜브를 찾아보았다.

K-할머니의 손맛 안 볼 수 없다 '손맛할머니'

성공한 할머니 유튜버는 박막례 할머니뿐만이 아니다. 손가락 터치 몇 번으로 산해진미가 집 앞까지 공수되는 시대, 세계 각국 쟁쟁한 음식 콘텐츠의 각축장인 유튜브에서 'K-할머니의 손맛'이 위력을 발휘하고 있다.

"맛보고 싱거우면 소금 쳐."

수십 년 내공으로 계량 따윈 필요 없는 할머니들의 손맛 콘텐츠가 MZ세대들을 사로잡았다. 대충 따라 한 것 같은데도 그럴싸한 맛을 내는 마법의 할머니 레시피는 구독자들의 요청에 힘입어 시판 제품으로 나오기도 했다. 맛을 초월해 기억 저편에 남아 있는 따뜻한 추억을 불러온다는 후기는 음식이 가진 힘을 실감하게 한다.

유튜브 '손맛할머니' 이용숙 할머니는 1년 전 실버 유튜버를 취재하면서 눈여겨보던 분이다. 당시 구독자가 1,000명대에 머물렀지만, 대박이 날 것 같다는 느낌이 강렬했다. 할머니께서는 일단 손이 커 어떤 음식을 만들어도 푸짐하게 한 상 담아냈고, 차린 음식을 먹음직스럽게 먹방도 하셨다. 직접 식재료를 공수하는 텃밭도 가꾸며 보내는 건강한 일상은 보는 것만으로도 힐링이 됐다. 특별하지 않지만 투박하고 평범한 레시피는 젊은이들에게 그리운 어린 시절을 떠올리게 했다. 분명히 뜰 거로 생각했는데, 1년 만에 그 예감이 적중했다. 할머니는 20만 명이 넘는 구독자(2023년 4월 기준)를 갖고 있으며 영상마다 조회 수도 꽤 잘 나오고 있다.

유튜브 채널 '손맛할머니'를 운영 중인 76세 이용숙 할머니는 경기 양평군 산속에 전원주택을 꾸리고 텃밭을 일구며 살고 있다. 할머니의 영상은 텃밭에서 시작되는 것이 많다. 그저 오이, 호박, 가지를 툭툭 떼다가 빠른 손놀림으로 금세 정겨운

집밥 한 상을 차려낸다.

영상은 일러스트레이터인 아들이 찍어준다. 할머니는 "어차피 하루하루 시골 밥상 차리는 것이 일이니까, 요즘 젊은이들에게 옛날 밥상 소개하는 셈 치고 찍고 있어요. 그저 푸근하게 차린 할머니 밥상을 눈으로라도 먹어보시라고요"라고 이야기한다.

할머니의 쿡방은 요리의 완성으로 끝나지 않는다. 음식이 다 되면 영상을 찍던 아들에게 "너도 빨리 와서 먹어라" 하며 불러들인다. 자연스럽게 '모자 먹방'이 이어진다.

구독자 달성을 축하하며 이용숙 할머니에게 전화를 드렸다. 텃밭이긴 하지만 농사일이 너무 바쁘다고 하면서도 유튜

브 성공에 기쁨을 감추지 못했다.

"그냥 우리 가족이 먹고 살던 대로 했는데 이 나이에 어디서 이런 관심과 사랑을 받겠어요."

광고나 협찬 제안도 꽤 받고 있다. 얼마 전에는 KBS <황금연못>이라는 시니어 프로그램 패널로 섭외도 받았단다. 서울까지 촬영하러 가야 하고 건강이 허락지 않아 끝내 고사했지만, 두고두고 아쉬움이 남는다.

"여러 방송사에서 찍으러 오겠다는 말도 많이 하는데 내가 촬영을 오래 하다 보면 어지럼증이 생겨서 말이죠. 아들과도 건강을 최우선으로 생각하고 무리하지 말자고 했어요."

일러스트레이터로 활동했지만, 이제는 할머니의 유튜브 촬영과 편집 그리고 전체 운영을 담당하고 있는 아들은 더 이상 그림을 그리지 않는다. 수익 면에서 유튜브 운영을 담당하는 편이 훨씬 낫기 때문이다. "수익이 얼마나 되느냐"는 짓궂은 질문에 아들은 "많지는 않지만 제가 그림을 그리지 않아도 되는 상황 정도"라고 답했다.

방송 섭외는 물론 광고도 꽤 들어오는 편이다. 아들은 가족이 하는 채널인 만큼 광고는 받지 않고 있다고 말한다. 어린 시절로 돌아가 순수하게 할머니의 모습과 할머니의 손맛을 느끼고 싶은 구독자에게 광고를 노출하는 것은 '손맛할머니'의 정체성과 방향성에 맞지 않는다는 판단에서다. TV 등 레거시 매체의 섭외와 큰 단가의 광고를 거절하는 힘, 바로 1인 시니어 크리에이터가 가진 지금의 위상이다.

1인 크리에이터는 그 성격에 따라 광고나 협찬을 받는 것이 단기간 수익에 도움이 되겠지만, 장기적으로 봤을 때 오히려 역효과가 날 수 있다는 점을 명심해야 한다. 한때 뒷광고(광고가 아닌 척 제품을 노출하는 광고 방식) 논란이 인 적이 있다. 특히 힐링을 주는 채널을 구독하는 이들에게 광고 노출은 예민할 수 있는 문제다. 유튜버에게 가장 무서운 것이 바로 '구취(구독 취소)'다. 채널 하나가 곧 방송사에 버금가는 파급력을 가진 요즘, 자신이 운영하는 채널 성격에 따라 방향성과 신념을 지키며 운영하는 것도 필요한 능력인 셈이다.

할머니 요리 채널은 이 외에도 김동예 할머니가 운영하는 '충청도 외할머니 밥상'이 있다. 이분 역시 1년 전에는 구독자가 1,000명도 되지 않았지만 지금은 3만 명

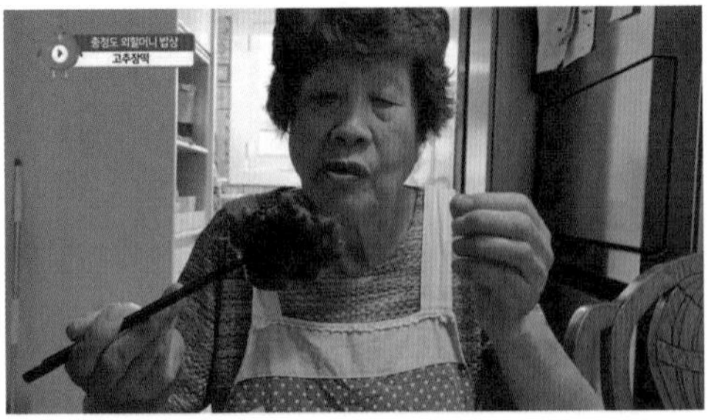

'충청도 외할머니 밥상' 김동예 할머니.

이 넘는 구독자를 보유하고 있다. 1938년생 충남 예산 출신인 김동예 할머니는 5남매를 키우며 60년 넘게 주부로 살아온 분이다.

둘째 딸네 집에 김장을 해주러 갔다가 그 모습을 촬영한 손녀가 영상을 온라인에 올리면서 '뜻밖에' 요리 유튜버가 됐다. 김 할머니는 충청도 나물과 채소 위주로 '내 식구를 위한' 보통의 밥상을 차린다. 세련된 요리는 아니지만, 누구나 쉽고 간단하게 만들 수 있다는 장점이 있다.

"맛봐서 먹을 만하면 먹는 그런 음식들이죠. 내가 요리사도 아니고 정확한 계량 없이 '짜면 물 넣고 싱거우면 양념을 더 치고' 하는 방식이 괜찮을까 고민이 많았어요. 그래도 80살 넘은 할머니가 만든 음식을 누군가 봐주고 따라서 만든다고 하니 무척 신기해요."

할머니는 "맛있어 보인다", "따라 해보니 맛있다"라는 구독자들의 반응을 볼 때면 더없이 행복하다.

또 독특하게 비건 음식을 주로 보여주는 '시온할머니 채식요리'도 아는 사람은 다 아는 요리 채널이다. 서원순 할머니는 몸에 좋은 채식요리 만드는 법을 소개하고 있다. 서 할머니는 25년간 채식을 연구해 140개가 넘는 오리지널 요리법을

'시온할머니의 건강요리교실'.

개발했다.

"제 요리는 자극적인 양념류나 감칠맛을 내는 조미료를 사용하지 않고 기름으로 볶는 요리가 아니에요. 그렇기 때문에 미각을 자극할 만한 맛은 없을지 모르나, 우리 몸이 좋아하는 좋은 음식이라고 자부할 수 있어요."

할머니는 자극적인 재료를 사용하지 않고 양념은 단순하게, 기름으로 볶지 않고 우유나 달걀을 사용하지 않는 등 몇 가지 원칙을 두고 채식 건강 요리를 만들고 있다.

취미 부자 강석우 '강석우의 오마이강'

중년 미남 배우에서 일상의 아버지가 된 강석우는 사실 배우 이전에 취미 부자다. 성향상 술도 좋아하지 않고 사람들과 어울리는 성향도 아닌 그는 그 대신 오롯이 자신만의 시간에 집중했다. 그렇다 보니 취미도 많고 취미에서 파생된 특기도 많다. 취미를 기록하고 공유하는 자신의 채널을 운영하지 않을 수 없는 사람인 것이다.

클래식 애호가를 넘어서 가곡 작곡에도 도전했고 지금까지 자신이 작사·작곡한 일곱 편의 가곡으로 발표회도 열었다. 색소폰이나 핸드드립 커피에도 전문가 수준으로 박식하다. 그 중에서도 클래식은 연기만큼이나 그에게 삶의 일부가 됐다. 오랜 꿈이었던 클래식 음악 방송 CBS <아름다운 당신에게>를 지난 2015년 9월부터 6년간 진행했다. 그가 중후하고 친숙한 목소리로 들려주는 음악 이야기, 일상 이야기가 청취자들의 공감을 사면서 전체 라디오 프로그램 중 점유청취율 2위를 기록하기도 했다. 6년간 이어온 프로그램이었지만 2022년 초 시력이 나빠지면서 방송에서 하차했다.

그는 라디오를 통해 사람들과 소통하던 것을 유튜브로 옮겨 자신의 취미(특히 클래식)를 기록할 유튜브를 시작했다. 그의 성향답게 처음부터 끝까지, 영상부터 편집까지 독학으로 배워 스스로 운영한다고 한다. 이렇다 보니 영상을 업데이트하는 간격이 조금 길긴 하지만, 중견 배우 강석우의 또 다른 매력을 볼 수 있는 창구이자 개인 기록 공간의 기능에 충실한 채널이 됐다.

유튜브에 공개한 그의 창작 가곡은 '그리움조차', '4월의 숲속', '내 마음은 왈츠' 등을 비롯해 2021년 11월 완성해 아내에게 헌정한 '시간의 정원에'까지 총 일곱 곡이다. 직접 가곡을 창작하고 있다는 사실이 널리 알려지면서 유명 성악가들과 함께 <강석우와 함께하는 가곡 이야기>라는 발표회도 열었다. 그는 유튜브를 통해 우리 가곡의 아름다움을 더 많은 세대와 나누고 싶다는 희망을 전한다.

자녀 교육 조언해 주는 할아버지 '잘키우자TV'

'잘키우자TV'는 말 그대로 자녀 교육 노하우 채널이다. 구독자는 3.34만 명으로, 할아버지는 사설 교습 학원을 운영한 경험을 밑바탕으로 학부모들에게 희망이 담긴 조언을 해주는 유튜버다. 카메라 한 대 켜놓고 그 앞에서 가볍게 이야기를 하는 콘텐츠를 만들고 있다. 별다른 편집 기술 없이 정보만을 담은 채널이라 유튜브를 처음 시작하는 사람들이 참고하기 좋다.

또 할아버지의 아들이 실제로 과학고를 자퇴 후 일반고에 진학했고, 의대 진학에 성공해 지금은 의사를 하고 있어 할아버지의 조언에 신뢰성을 더한다.

그의 채널은 교육열 높은 4050 구독자들에게 뜨거운 지지를 얻고 있다. 대입 정시의 중요성이라든가 독서나 한자 공부의 중요성, 공부를 시키더라도 낮과 밤이 바뀌어선 안 된다든지 자신이 경험한 자녀 교육법을 바탕으로 수험생 부모들에게 실질적인 도움을 주는 솔깃한 교육 정보를 준다.

그는 "자식이 태어나서 대학 시험을 치르는 18년의 세월 중에 부모가 자녀에게 해줄 수 있는 최고의 선물은 일류대학에 갈 수 있는 공부를 시켜주는 것"이라는 확고한 교육 철학을 갖고 있다. 그러기 위해서는 정확한 공부 방법을 알아야 자녀의 성공을 이끌어 줄 수 있다면서 공부법 정보를 영상에 담는다. 그는 자신의 채널을 통해 누구에게나 적용되는 최고의 공부 방법을 제공한다고 자부한다. 자녀가 있다면 누구나 들어볼 만한 성공한 선배 학부모의 이야기인 셈이다.

나만의 연륜과 노하우로 '이상문TV'

고미술품 감정을 통해 지식과 정보 그리고 재미를 더해 준 <TV쇼 진품명품>을 유튜브로 끌고 왔다는 평가를 받는 '이상문TV'는 약 8만 명의 구독자를 보유하고 있다. 그가 유튜브 채널을 시작한 계기는 아이로니컬하게도 그가 10여 년간 했던 <진품명품> 감정위원 자리에서 한순간에 '잘리면서' 시작됐다.

이상문 감정위원의 말에 따르면 그는 반기문 전 UN 총장의 동네 친구이자 중학교 동창이다. 어른이 되어서도 여전히 친하게 우정을 나누며 교류하고 있는 와중에 반기문 총장의 대선 출마 이야기가 세간을 떠들썩하게 했다.

동네 친구로서 '반사모' 활동으로 힘을 실어주려 했는데 이것이 방송 출연에 제동을 걸고 말았다. '정치 활동을 하는 사람은 출연할 수 없다'라는 출연 조항에 걸린 것이다.

허망했다. 그는 23년 동안 일주일에 한 번씩 <진품명품>에 출연해 왔다. <진품명품>이 삶의 절반을 차지한다 해도 과언이 아닌 시간이었다. 그러다 "방송국에서 날 거부한다면, 내가 방송국을 차리면 그만!"이라는 생각에 유튜브로 고개를 돌렸다. 반응은 상당했다. 이상문 감정위원의 유튜브 채널은 콘텐츠만 확실하다면 유튜브 시청 수요는 어떻게든 생겨난다는 것을 깨닫게 해준다. 그는 채널을 운영하면서 유명 콘텐츠 제작사에서 채널과 기획을 사겠다는 다수의 의뢰도 받았다. 그러나 지금보다 높은 수익을 보장한다고 하더라도 자유롭게 채널을 운영할 수 있는 자율권이 보장되는 지금이 좋아 모든 제안을 거절했다.

영상 구성은 별다를 필요가 없다. 그저 카메라 한 대가 놓인

책상에 앉아 고미술품을 소장하고 있는 소장자와 함께 출연해 해당 고미술품이 진짜인지, 가짜인지 또 얼마가 되는지 감정가를 함께 알아본다. 그러면서 고미술품을 감정하는 노하우를 빼곡하게 담아낸다. 고미술품을 감정료 없이 감정받고 싶은 소장자와 소장자의 고미술품이 학습 자료로 활용되는 이해관계가 맞아떨어져 할 수 있는 콘텐츠다. 그야말로 TV 속 <진품명품>이 유튜브로 들어온 것이다.

그는 <진품명품> 애청자들을 고스란히 유튜브로 끌고 왔다. 우연이긴 하지만 시니어 유튜브 구독자들의 유입이 폭발적으로 증가하는 타이밍과도 잘 맞아떨어졌다. 게다가 TV에서는 100% 조명하고 방송할 수 없는 개인의 사연에 집중하다 보니 더욱 소소한 재미를 찾을 수 있었다.

구독자와 조회 수가 터진 것은 한 나이 지긋한 고물상 업자가 찾아와 막무가내로 물건을 사라고 생떼를 쓰는 영상이 큰 화제를 몰고 오면서다. 우리 주변에서 쉽게 볼 수 있는 고물과 골동품 그 중간 어딘가에 있는 물건들이 등장하면서 보는 이들에게 큰 재미를 줬다. 이상문 감정위원은 실제로도 종종 이런 분들이 주운 오래된 물건을 가지고 자신의 감정소를 찾아온다고 말한다. 연출되지 않은 생생한 상황이 구독자들의 구미를 당긴 것이다. 이 이야기에는 후일담이 있다. 고물상 업자에게 다시 한번 출연을 부탁했지만 자식들이 반대한다는 이유로 재출연이 무산됐단다. 꾸며진 예능보다 재밌는 것이 어디로 튈지 모르는 의외성과 긴장감이다. 이것이야말로 유튜브의 묘미라는 것이 정확히 파악된 일화이기도 하다.

이상문 감정위원에게 매달 입금되는 고정적인 유튜브 수익은 든든한 생활 자금이 되고 있다. 방송 출연을 중단당한 시름은 사라진 지 오래다. 경제적인 실리만 따져도 20여 년 동안 1회 50만 원이라는 절대 오르지 않는 고정된 방송 출연료보다 지금의 수익이 훨씬 더 크기 때문이다.

유튜브 광고 수익만 나오는 것이 아니다. 그는 한 걸음 더 나아가 유튜브로 고미술품 경매도 진행하고 있다. 특별한 프로그램이나 기술이 필요한 것이 아니다. 고미술품 하나를 두고 설명을 곁들이는 정보 콘텐츠를 만들고, 물건에 관심을 가진 사람들에게 며칠 몇 시까지 가격을 제시해 달라고 하면 끝이다. 정확한 시간에 가장 높은 가격을 제시한 사람이 낙찰을 받는다.

인사동에서 특정 마니아층만을 고객으로 상대하던 그는 유튜브를 만나 불특정 다수의 고객에게 고미술품을 소개할 수 있는 활로까지 생겼다. 이것이야말로 전화위복이 아니겠는가.

먼저 도전했기에 유일무이한 고미술품 채널이 된 '이상문TV'의 사례를 보면, 일단 내가 가장 잘 아는 분야를 먼저 선점해야 한다는 교훈을 얻을 수 있다.

콘텐츠는 특별한 전문가의 영역이 아니다. 누구에게나 살아온 시간만큼 나만의 콘텐츠가 있다. 한평생 전문 직업이나 정당한 노동력이라고 세간에 평가받지 못했던 일이라도 그 안에는 알토란 같은 콘텐츠가 있기 마련이다. 나이가 많다고 그의 콘텐츠가 고루하게 느껴지거나 낡아지는 것도 아니다. 나이에 상관없이 자신만이 쌓아온 인생 콘텐츠로 수익 창출을 할 수 있다.

일평생 고미술품만 만지던 감정사가 콘텐츠 생산자가 될 거라고는 그 자신조차 꿈에도 생각하지 못했다. 콘텐츠의 효과로 더 많은 감정 의뢰가 들어올 것이라는 생각도 못 했다. 유튜브를 통해 제 2의 전성기를 달리고 있는 이상문 고미술품 감정위원이다.

강연을 통해 '행복지기' 역을 자처한 시인이자 방송인 정덕희가 유튜브 채널을 켰다. 그의 나이 67세에 시작한 첫 도전이다.

그 누구도 피할 수 없는 코로나19 사태는 그의 삶에도 큰 변화를 가져왔다. 강연의 연속인 일상에서 자의가 아닌 쉼표를 찍게 된 것이다. 그는 비로소 지치고 힘든 대중이 필요로 하는 것은 '가르침'보다는 '보듬는 역할'이라는 걸 깨달았다.

정덕희는 진짜 어른의 역할은 '공감'이라며 가르치기보다 보듬는 '할머니' 유튜버가 되고 싶다고 말한다.

누구나 다 할 수 있지만, 누구나 다 잘할 수 없는 것이 '유튜브 콘텐츠'다. 사실 아직까지는 실버 콘텐츠마저도 여전히 젊은 층들의 소비 여부에 따라 흥행이 결정된다. 정덕희는 호기롭게 중장년층을 위한, 중장년층에 의한 콘텐츠에 도전했다.

"나도 평소 유튜브를 잘 봐요. '세상에는 나 대신 잘 분석하고 가르치는 사람이 많구나' 싶더라고요. 나이 많은 사람이 잘난 척해 봤자 '꼰대' 소리만 듣는 세상이잖아요. 진짜 어른의 역할은 '공감'이라는 걸 깨달았어요. 한때 큰 사랑을 받은 만큼 이제는 그걸 돌려드리는 여러분들의 '할머니'가 됐다고 생각해요."

그러나 유명세가 곧 유튜브 채널의 인기를 보장하진 않는다. 정덕희 한마디에 울고 웃던 팬덤이 있었는데 유튜브 채널 'THE KEY'는 구독자가 수천 명 남짓한 아직 미미한 채널이다. 정덕희는 자신의 인지도라면 유튜브를 시작하자마자 성공할 것으로 생각했지만 오산이었다. 유튜브 생태계에서 유명인이 더 유리한 것은 사실이지만, 방송과는 상관없는 평범한 사람들에게도 기회가 열려 있다.

"나 정도 알려진 강연자면 시작하자마자 막 사람들이 찾아올 줄 알았죠. 천만의 말씀, 만만의 콩떡이에요. 특이한 게 영상 조회 수에 비해서 구독자 수가 정말 적더라고요. 아는 분께 슬쩍 물어보니 어르신들이 아이디를 만들 줄 몰라서 로그인을 못 한다는 거예요. 자식들이 오기만 기다리고 있다고 하더라고요. 그들도 저도 시행착오 단계지요."

자극적인 발언이나 모양새로 구독자를 늘릴 마음은 없다. 오로지 내 색깔과 내 맛으로 천천히 콘텐츠를 만들어갈 생각이다.

"다른 영상들을 보니 조회 수를 늘리려고 일부러 튀고 엽기적으로 하던데 나는 그럴 마음은 없어요. 콘텐츠를 만들어가다 보니 이게 다 기록물이 되더라고요. 강연장처럼 청중들의 기를 받아서 신바람 나게 강연할 수는 없지만 이제 저도 내일모레 70세잖아요? 나이가 든 만큼 나름의 역할이 있다고 생각해요. 현역으로 무언가를 할 수 있다는 자체가 감사한 거죠."

이제 한 달, 그는 겨우 유튜브 걸음마를 뗐고 조금은 어색하지만 나날이 나아질 거라는 믿음은 있다.

정덕희 교수가 자신의 자택에서 유튜브 방송을 촬영 중이다.

"난 '구독 눌러주세요'라는 구걸은 절대 하지 않을 거라고 다짐했는데 막상 시작하니 '구독, 알람, 좋아요 눌러주세요'라는 말이 막 절로 나와요. 접해 보지 않고 남의 이야기는 하지 말라는 걸 절실히 느끼는 요즘입니다. 너무 재밌게 하고 있으니 초심을 잃지 않고 늘 따뜻하면 이 역시 언젠가는 될 거라 믿어요."

기록이 곧 재산 '이홍렬TV'

21세기에 유재석이 있다면 20세기에는 이홍렬이 있었다. 코미디언이자 MC 이홍렬은 <일요일 밤의 대행진>부터 <청춘행진곡>, <일요일 일요일 밤에>, <귀곡산장>, <이홍렬쇼> 등 콩트에서 예능 MC까지 친숙한 옆집 아저씨 이미지로 브

라운관을 종횡무진 누볐다. 또한 콧구멍에 500원 동전이 들어간다는 개인기로 '뺑코'라는 별명을 얻으며 더욱 승승장구했다. '뺑코'로 캐릭터 사업까지 할 만큼 국민적 인기를 얻으며 최전성기를 달리던 그는 1991년 돌연 일본 유학을 다녀오기도 했다. 그는 새로운 것에 도전하는 것을 두려워하지 않는 사람이다.

그가 유튜브를 시작한 것도 도전이었다. 이홍렬은 몇 해 전 유튜브에 도전한 후 현재까지도 꾸준히 활동 중인 연예계 대표적인 시니어 유튜버다. 요즘은 TV에서 사라진 코미디언들이 유튜브 채널에서 활동하면서 콩트 위주의 콘텐츠를 생산해 잘나가고 있지만, 중년의 이홍렬은 어떤 콘텐츠를 내세웠을까? 일단 과거 8밀리미터 홈비디오로 찍은 과거 영상들을 올렸다. 이제 성인이 된 이홍렬의 두 아들 그리고 친한 '여사친'인 이성미의 20대 모습까지 담긴 진귀한 기록들이다.

이홍렬을 만나면 무조건 함께 '만남 인증사진'을 찍어야 한다. 그는 '기록 덕후'다.

또 친구들을 만나는 소소한 일상 브이로그나 자신의 반려묘, 반려견에 관련된 동물 영상도 올리고 있다. 그가 유튜브에 도전한 이유는 더 많은 사람과 소통하기 위해서다. 그는 "나이가 들어서 뭘 그런 걸 하냐고 생각하시는 분들도 있겠지만, 지금은 1인 미디어 시대다. 즐거움도 드리고 소통도 해보고 싶다"라고 말했다. 오랜 방송 '짬밥' 역시 그에게 용기를 줬다.

이홍렬의 새로운 콘텐츠 '홍렬투어'에서는 전국의 맛있는 국밥을 찾아 나선다. 반응이 좋다.

"제가 PD 어깨너머로 (방송을) 배운 세월이 길어요. 그거 하나 믿고 있어요. 미숙한 솜씨지만 스스로 촬영도 하고 자막도 넣고 편집도 하죠."

아직 실력이 서툴러 완성도는 떨어지지만, 이는 오히려 인간미 넘치는 모습으로 또 다른 볼거리를 제공한다.

어떤 새로운 사람을 만나면 그가 일단 하는 행동이 있다. 바로 '인증샷'이다. 그날의 만남을 기억하기 위해 인증사진을 찍는다. 기록을 위해서다. 그의 휴대폰 연락처를 실제로 보면 경악스러울 정도로 정갈하게 정리되어 있다. 한 명 한 명 언제 어디서 만났는지 정확히 기록해 놨다. 웃음이 많은 사람 혹은 목소리가 큰 사람 등 각자 사람의 개성과 특징마저 써놓은 치밀함에 감탄을 금할 수 없다. 한 사람 한 사람의 인연이 소중하기 때문이라고 말하지만, 기록 자체를 좋아하지 않는다면 불가능한 일이다. 이홍렬 역시 스스로 1부터 10까지 유튜브를 운영하고 있다. 과거 영상들을 풀어놓는가 하면 좋아하는 음식인 '국밥'을 테마로 전국 국밥 맛집 기행을 하는 콘텐츠도 있다(국밥 맛집 영상은 전문가의 손길을 종종 빌린다).

그에게 유튜브 수익을 슬쩍 물었다. 그는 '미미하다'라며 "요즘은 잘 찾아보지도 않고 그냥 쌓이는 대로 둔다"라고 말한다. 수익보다는 그저 자신의 주변의 즐거운 일들을 기록하는 것에 재미를 느낀다.

"즐거움 속에서 따뜻함을 공유하고 싶어요. 보시면서 즐거우시다면 좋겠습니다. 차분하게 천천히, 그러나 꾸준히 영상들을 만들어갈 생각입니다."

박막례 할머니 빼놓을 수 없지 '박막례 할머니 Korean Grandma'

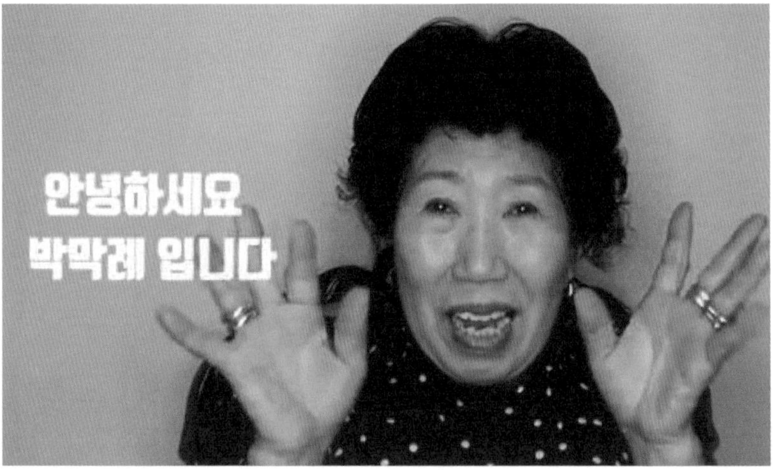

너무나 유명해서 굳이 여기에서까지 소개할 필요가 있을까 싶지만, 명불허전이란 말을 빌려 박막례 할머니 유튜버를 소개한다.

"나이 70살에 처음 도전한 일로 인생이 부침개처럼 확 뒤집혀 버렸다."

평범한 우리네 할머니에서 세계가 주목하는 유튜버가 된

박막례 할머니의 유튜버 시작은 다름 아닌 치매였다. 할머니는 일흔에 치매 위험군 진단을 받았다. 다행히도 박막례 할머니 옆에는 효성 지극한 손녀가 있었다. 손녀는 그런 할머니에게 용기를 주기 위해 할머니를 촬영하고 영상을 만들어 유튜브 채널로 공개했다. 첫 회는 아마 할머니를 모시고 떠난 호주 여행이었을 것이다. 별다를 필요가 없는 우리 할머니지만, 그래서 어디에서도 본 적 없는 특별한 콘텐츠가 되었다.

사실 유튜브 업계에서 '우연히 대박이 났다'라는 건 있을 수 없는 말이다. 할머니의 자연스러운 모습을 뽑아내는 손녀의 상황 설정과 이에 화답하듯 카메라 앞에서 대수롭지 않게 연기 아닌 실제 모습을 보여주는 할머니의 조합은 그 어떤 리얼리티 예능보다 웃음을 선사했다. 박막례 할머니 채널 <박막례 할머니 Korean Grandma> 채널이 대박이 나면서 이와 유사한 다소 거칠고 억척스러운 우리네 할머니 할아버지를 전면에 내세운 채널이 많이 늘었지만 박막례 할머니만큼 자연스러운 분은 없다.

박막례 할머니의 영상 중 킬러 콘텐츠는 영상을 올리기 시작한 지 두 달 만에 올린 '치과 들렀다 시장 갈 때 메이크업'이었다. 이 영상이 공개되고 난 이틀 뒤 구독자 수가 1,800명에서 13만 명으로 고속 상승했다. 유튜브 채널의 성장을 한눈에 볼 수 있는 광경이었다. 박막례 할머니의 영상은 일상 브이로그를 주로 하는 시니어 유튜버들에게 반드시 참고해야 하는 교과서 같은 존재가 됐다.

시니어도 먹방 한다 '영원씨TV'

유튜브 콘텐츠 중 가장 잘나가는 장르가 있다면 '먹방'이 아닐까? 영어로 'Eating show'가 아니라, 먹방의 한국어 병음 표기인 'Mukbang'이 2013년에 옥스퍼드 영어사전에 등재된 것을 보면 먹방은 우리나라에서 시작돼 세계로 확산한 유튜브 장르다. 먹방은 별다른 언어가 필요 없고 더구나 최근에는 K-푸드가 글로벌한 히트를 치면서 해외 구독자까지 유입이 가능하다 보니 유튜브를 꿈꾼다면 누구나 한 번쯤 도전해 볼 만한 인기 장르가 됐다.

먹방이 소화기관 튼튼하고 신진대사 빠른 젊은 유튜버들의 전유물이라는 고정관념을 깬 시니어가 있다. 80세 중반의 김영원 할머니가 운영하는 '영원씨TV'다. 김영원 할머니는 기존 먹방 유튜버처럼 젤리나 초콜릿 같은 젊은 사람들이 좋아할 만한 간식부터 유행이다 싶은 트렌드 먹거리 그리고 불량식품까지 음식의 종류를 가리지 않고 먹방을 선보인다. 단, 푸드파이터처럼 대량의 음식을 먹어치우는 먹방 대신 할머니가 소화할 수 있는, 딱 먹을 만큼만 먹고 영상을 마치는 것이 할머니의 특징이다. 빨리 먹는 것도 아니고 꼭꼭 씹어 맛있게 먹는 것도 차별점이다. 최근에 꿀로 만든 젤리 먹방이 유행한 적이 있다. 쫀득쫀득한 식감 때문에 ASMR까지 가능해 유튜버라면 너도나도 도전했으나 췌장 약한 한국인에게는 최악의

식품이라 전문가들이 우려의 목소리를 낸 적이 있다. 이렇듯 보기 부담스러운 괴식에 도전하거나 급하게 많이 먹는 자극적인 먹방과 다른 노선을 선택한 '영원씨TV'는 많은 사람에게 보기만 해도 힐링이 된다는 평을 받고 있다. 유행을 따르더라도 시니어가 하면 좀 더 특별한 콘텐츠가 된다는 것을 몸소 보여준 영원 씨다.

전문성 살리는 것이 최고의 콘텐츠 비법 '차산선생법률상식'

앞서 시니어 유튜버의 최대 무기는 연륜이라 언급했다. 젊은 사람들에게는 나이 든 사람의 목소리가 거부감 들지 않을까 하는 생각은 100% 틀렸다. 내가 자주 보는 지식 채널 중 '지식 브런치'라는 채널이 있다. 나이나 신분을 밝힌 적은 없지만 아마도 교수님으로 추측되는 중후한 목소리와 또렷한 발음을 구사하는 유튜버가 각 나라의 역사적 배경이나 문화적 특징을 설명해 주어 젊은 구독자들의 인기를 한 몸에 받고 있다. 이렇듯 연륜은 신뢰성과 전문성을 뒷받침해 주는 좋은 무기다.

채널 ‘차산선생법률상식’은 2012년 퇴직한 박일환 전 대법관이 운영하는 법률 상식 채널이다. 그는 대법관 자리에서 은퇴한 후 남들처럼 회고록이나 자서전을 집필할 생각을 하고 있었다. 그런 그에게 딸은 “책은 힘만 들고 사람들이 잘 보지 않으니 유튜브를 해보라”라고 조언했고 그길로 유튜브를 시작했다. 그저 거치대에 휴대폰을 세워놓고 영상을 찍는 것이 전부다. 간단한 영상 편집은 조언을 해준 딸이 해주고

있다고 하는데 결국 콘텐츠 전문성으로 승부하는 채널이 됐다. 사법제도부터 형사, 민사 등 다양한 법률 상식을 전한다. 구독자 수가 13만 명을 훌쩍 넘었으나 그는 유튜브를 통해 수익을 내지는 않는다. 그저 즐거운 마음으로 젊은이들을 포함해 많은 사람과 소통하는 것에 만족하고 있다. 그는 자기 삶을 기록하기 위한 목적으로 책보다 더 오래 남고 더 많은 사람이 볼 수 있는, 알맞은 콘텐츠 플랫폼을 찾아낸 것이다.

Chapter 6.

'대박 난' 해외 할머니 할아버지 유튜버

유튜버 백세시대:
당신의 삶이 콘텐츠

106세 유튜버 마스타나마 'Country Foods'

유명 시니어 유튜버가 탄생한 것은 우리보다 해외가 먼저다. 유튜브는 이미 남녀노소 각계각층이 만든 재능이 넘치는 동영상을 많이 접할 수 있는 플랫폼이다.

인도에서 가장 나이 많은 유튜버는 현재까지 106세 마스터나마(Mastanamma)이다. 인도 남부 안드라프라데시 시골 마을에 사는 마스터나마 할머니는 전 세계 구독자 200만 명에게 인도 전통 요리를 보여주고 있다. 박막례 할머니에게 손녀가 있다면 그에게는 렉스맨 칼레(Laxman Karre)라는 손자가 있다. 손자는 그의 동료 그리나스 레디(Srinath Reddy)와 함께 할머니를 촬영하고 영상을 만든다.

사실 시작은 할머니 요리 채널이 아니었다. 2016년 손자와

친구는 남자들을 위한 요리 영상을 만들기로 의기투합했고 업로드도 했지만 반응이 영 없었다. 그러다 친할머니에게 요리를 배워보는 시간을 영상으로 찍었고 며칠 만에 엄청난 조회 수를 기록했다. 사람들은 할머니의 요리와 요리 스타일을 좋아했다. 반응도 반응이지만 너무나 좋아하는 사람들의 댓글에 손자는 본격적으로 할머니 요리 채널로 전향하게 된 것이다.

하루하루 구독자가 증가하고 새로운 영상을 빨리 보여달라고 재촉하는 사람들의 반응에 가장 어리둥절한 것은 할머니였다. 할머니는 이렇다 할 주방을 갖고 있지 않았다. 그저 들판에 나와서 최소한의 조리 장비와 숟가락 하나로 불을 지펴 야외 요리를 했다. 할머니에

게는 매우 일상적인 모습이지만, 전 세계 구독자들은 아름답고 이국적인 인도의 들판에 서서 투박하지만 손맛이 가득 담긴 요리를 하는 할머니의 독특한 스타일을 즐겼다.

인도 '집밥'을 만들다 보니 할머니의 요리에는 인도 전통 향신료가 많이 등장했다. 그들은 영상을 통해 인도의 요리법과 향신료 사용법을 널리 알리고 싶다는 목표도 전한다. 할머니의 시그니처 요리는 가지 커리(Brinjal Curry)다. 채널 내에서 가장 많은 조회 수를 기록한 요리 영상이기도 하다. 마스터나마 할머니는 우리네 할머니나 엄마처럼 손이 크다. 다행히 마을에 많은 친척이 살기 때문에 유튜브 영상을 찍는 날은 자연스럽게 마을 잔치처럼 되어버린다. 마을 사람들이 모여 음식을 나눠 먹는 모습조차 흥미로운 유튜브 영상이 되곤 했다.

사실 할머니는 보기만 해도 힐링이 되는 요리 영상을 남기고 얼마 전 생을 마감하셨다. 'Country Foods' 채널이 할머니의 장례식을 공개했고 전 세계 수많은 팬은 소셜미디어를 통해 할머니의 죽음을 슬퍼하고 또 애도했다. 채널의 영상은 할머니의 죽음과 함께 멈춰 있는 상태다. 새로운 영상이 더 이상 업로드되지는 않지만 아직도 150만 명의 구독자가 할머니의 채널에 남아 있는 상황이다. 여전히 할머니는 생전 남긴 영상으로 많은 이들의 마음을 치유해 주고 있는 것이다. 나 역시 유튜브 채널을 하며 내가 사라지면 아이들에게 내 목소리를 남길 수 있는 것이란 생각을 한 적이 있다. 무언가를 남기고 간다는 것은 소중한 일이다. 영상 하나를 허투루 올리기보다는 내 후손이 머물러 볼 수 있는 의미와 가치를 담고 만듦새를 생각해 정성스럽게 올려야겠다는 사실을 할머니를 보며 다시 한번 깨닫게 된다.

80대 할머니도 게임 좋아해 'Shirley Curry'

미국 오하이오에 거주하는 84세 할머니 셜리 커리는 약 122만 명 구독자를 보유하고 있는 게임 유튜버로 유명하다. 일명 '스카이림 할머니'라는 별명으로 알려져 있다.

할머니는 1991년 55세 나이로 은퇴하기 전까지 Kmart 여성 의류 부서에서 비서로 일했다. 아들이 은퇴한 할머니를 위한 소일거리로 1996년 턴제 전략 비디오 게임 '시드 마이어의 문명'을 가르쳐주면서 할머니의 운명이 바뀌었다.

할머니는 마치 천성을 찾은 듯 밤낮으로 게임 플레이에 빠져들었다. 게임 속 일명 '땅따먹기'에 제대로 재미가 들린 것이다.

할머니가 유튜브에 가입한 것은 2011년, 게임 채널을 보기 위해서였다. 게임 유튜버들의 영상을 보다 보니 '어차피 게임을 즐기는 거, 나도 영상을 찍어보자'라는 생각에 2015년 스카이림 게임으로 첫 번째 영상을 업로드했다. 그렇게 5년간 할머니는 90만 명이 넘는 구독자를 모았다.

게다가 할머니는 게임 캐릭터가 되기도 했다. 팬들이 스카이림 다음 시리즈에 할머니 캐릭터를 넣어달라는 요청이 쇄도하자 엘더스크롤 프랜차이즈 스튜디오 제작자인 베데스다 소프트웍스는 할머니를 캐릭터로 포함하겠다고 약속했다.

나이가 나이인 만큼 셜리 할머니는 지난해 건강에 큰 위기를 겪은 적이 있다. 잠을 자던 중 뇌졸중을 일으켰고 이를 원인으로 게임을 하는 방법을 잊어버려 한동안 업로드를 쉬기도 했다. 팬들은 할머니의 쾌유를 기원하며 희망적인 메시지를 전했고, 베데스다 소프트웍스는 쾌차하시라며 꽃다발을 보내기도 했다. 팬들의 위로에 힘입어 할머니는 재활운동을 하듯 게임을 다시 익히며 현재는 뇌졸중에서 회복했고 유튜버의 일상으로 복귀했다는 소식이다.

한 언론 인터뷰에서 80세 넘어서도 젊은이들과 게임을 즐기는 할머니를 보고 '레전드'라고 말하자 할머니는 손사래를 치며 "나는 그저 게임 초보 할머니다. 그저 사람들에게 솔직하고 나다우려고 노력한다. 여기 내 아파트에 앉아서 많은 사람과 이야기를 나누는 것이 나의 유일한 즐거움이자 전부"라고 말했다.

할머니는 유튜버로서 성공한 비결을 "나는 사람들의 모든 의견과 이메일에 응답하기 위해 열심히 노력한다. 처음 시작할 때는 온종일 앉아서 사람들에게 응답했다"라고 밝혔다. 덕분에 그는 '세상에서 가장 스위트한 할머니'라는 별명도 갖고 있다.

빡빡한 업로드 일정을 준수하다 보면 많은 유튜버가 번아웃 현상을 겪는다. 한때 할머니도 그런 피로감을 비껴나가지 못했다.

"가끔은 내가 구석으로 밀려난 것 같은 느낌도 들고 너무 피곤해서 그만둬야 할 것 같다고 생각해요. 그런데도 그만둘 수가 없네요."

할머니는 당장 채널을 그만두어도 평생 먹고살 수 있는 상당한 수익을 올렸다. 그럼에도 유튜버로 지내는 일상을 멈추지 않을 것이다.

"그저 아침에 커피를 마시고 컴퓨터 앞에 앉아서 두 화면을 켜고 이메일과 댓글에 답하고 제 트위터를 살펴보며 게임을 하죠. 그게 내 일상이고 행복인데 왜 그만두겠어요."

K-푸드 글로벌 유튜버 '망치'

세계인들이 보는 한식 유튜브 채널이 있다. 바로 전라남도 여수 출신 김광숙(에밀리 김) 씨의 채널이다. 그는 2007년부터 유튜브 채널 '망치'를 운영하면서 한식 레시피 관련 영상을 꾸준히 올리고 있고 500만 명 구독자를 보유하고 있다. 한식을 주제로 한 유튜브 채널 중 전 세계에서 가장 많은 구독자 수다. 그가 올린 통배추김치 만들기 영상은 1,139만 회, 닭강정 영상은 1,072만 회, 떡볶이 영상은 925만 회의 조회 수를 기록했으며 세계 각국에서 팬미팅까지 열린다. 이런 인기로 인해 미국 현지에서 <망치의 진짜 한국요리(Maangchi's Real Korean Cooking)>라는 제목의 책을 출판하기도 했다. 유튜브를 시작한 계기는 엄마 음식을 비디오로 만들어서 사람들과 공유해 보라는 자녀들의 권유 덕분이었다. 2002년, 젊지 않은 나이에 캐나다로 이민 온 후 할 일이 없어 온라인 게임에만 빠져 있던 엄마를 보고 가볍게 던진 말이 그녀의 인생을 바꿔놓은 셈이다. 집에 굴러다니던 싸구려 디지털카메라 한 대로 그는 유튜브를 시작했다.

그런 그의 채널은 북미를 비롯한 세계 곳곳에 진짜 한국 엄마표 K-푸드가 무엇인지 보여준다. SNS에는 그녀의 한국 요리법을 유튜브로 보고 따라 해 성공했다는 전 세계인들의 글이 줄을 잇는다.

그의 영상을 보면 그저 한국 음식 레시피뿐만 아니라 한국 음식에 대한 자부심으로 가득하다. 그는 한 매체와의 인터뷰에서 한국 음식 예찬론을 펼친다.

"한국 요리는 맛있어요. 전 항상 맛있다는 걸 강조해요. 잘 익은 김치로 해서 김치찌개를 만들었다 하면 전 지금까지 싫어하는 사람 한 번도 못 봤어요. 그리고 제철에 나오는 채소들을 이용할 수 있어 건강하고 다양한 요리를 만들 수 있어요."

'망치' 채널의 인기 비결은 자신감이다. 김광숙 씨는 한국어 악센트가 있지만 귀에 쏙쏙 들어오는 또박또박 자신감 있는 영어로 한국 음식 만들기를 소개한다.

유튜브는 자신감이다. 김광숙 씨는 요리 연구가도 아니고, 유명 셰프도 아니다. 그저 맛깔스러운 음식을 잘 만드는 우리네 엄마였다. 유튜브의 세상은 프로를 원하지 않는다. 오히려 내 주변에서 쉽게 볼 수 있는 존재를 통해 공감하고 소통하는 것이 유튜브를 시청하는 재미다. 유튜브를 시작할 때 카메라 앞에서는 주눅이 들면 안 된다. 이 분야만큼은 '내가 최고'라는 마인드로 다소 뻔뻔함을 장착해야 보는 이도 마음이 편하다. 성공한 유튜버 중 소극적이거나 겸손함이 지나친 사람이 있던가. 생각해 보면 답이 나온다.

할아버지는 떠났지만 나눔의 정신은 남았다 'Grandpa Kitchen'

'Country Foods'가 인도 할머니의 요리였다면 'Grandpa Kitchen'은 인도 할아버지 요리 채널이다. 할아버지 요리 채널의 특징은 대용량 요리를 선보이며 그렇게 만들어진 음식과 생필품을 지역 사회 고아들이나 도움이 필요한 사람들과 나눈다는 점이다. 할아버지의 따뜻한 성격, 다양한 인도 전통 음식 그리고 나눔을 강조하는 훈훈한 미션이 포함된 영상들은 전 세계 구독자들에게 큰 힐링을 주었다.

할아버지의 영상이 인기를 얻기 시작한 것은 2017년 할아버지가 키친 비랴니(볶음밥) 300인분을 요리하고 아이들에게 대접하는 영상을 올렸을 때부터다. 영상은 입소문이 났고

600만 명 이상의 구독자를 얻었다.

그러나 할아버지의 영상은 오래 지속되지는 못했다. 2019년 10월 3일 동영상을 마지막으로 할아버지는 요리를 그만두었다. 그해 10월 30일 할아버지가 숙환으로 돌아가셨다는 소식이 유튜브를 통해 업로드되었다. 기일은 10월 27일이며, 향년 73세였다. 고인은 마지막으로 "Help people until you live on earth(네가 지구에 살아 있는 동안 사람들을 도와야 한다)"라는 유언을 남겼다. 손자는 할아버지의 유지를 받들어 뒤를 이어 음식을 만들고 더 많은 사람과 나누고 있다. 손자들이 할아버지의 유산이 퇴색되지 않게 채널을 운영하고 있어 구독자는 900만 명을 훌쩍 넘었다. 할아버지는 떠났지만 할아버지의 생전 나눔 정신은 여전히 유튜브 채널에 살아 숨 쉬는 것이다.

'일본의 밥 로스' 시바사키 하루미치 할아버지의 수채화 강의 'Watercolor by Shibasaki'

40년 동안 그림 강사로 일했던 75세 시바사키 할아버지가 유튜브를 시작한 것은 2017년, 그 계기는 자신의 개인전에 온 아들의 한마디였다.

"아버지 요즘에 유튜브라는 게 있어요. 개인전에 오는 사람들보다 더 많은 사람이 아버지의 그림을 보러 오지 않을까요?"

마침 할아버지는 해외에서 전시회를 해볼까 생각하던 시기였다. 그렇지만 작품 수송이나 전시회장 섭외 등의 문제로 80세가 넘은 나이에 현실적으로 실행하기가 쉽지 않았는데 '그럼 유튜브를 해볼까'라는 생각을 했다. 할아버지 역시 모든 시니어 유튜버들의 특징 '새로운 도전을 두려워하지 않는 성격'이었기에 실행이 가능했다.

할아버지는 유튜브에 최적화된 재능이 많았다. 강사 일을 하면서 자신이 그림을 그리는 모습을 직접 촬영한 동영상을 학생들에게 보내곤 했던 것이다.

또 젊은 시절 그림으로 미국 연수를 다녀온 경험이 있어 영어 구사도 어느 정도 가능했다(할아버지의 채널은 영어 자막(ENG SUB)도 제공 중이다).

유튜브를 시작한 지 약 6년, 지금은 166만 명 구독자를 가진 할아버지지만 10만 명을 만들기 위해서는 1년 이상이 걸렸다. 구글에서 실버 버튼(구독자 10만 명을 넘으면 주는 상패로 구독자 100만 명이 넘으면 골드 버튼, 1,000만 명이면 다이아몬드 버튼을 준다)이 오자, '이 대단한 걸 받았구나' 하는 생각이 들었다.

"100만 명이 됐을 때 내가 살아 있을까요?"

할아버지의 실버 버튼 수상 기념 소감이었다. 10만 명이 넘자 구독자 수의 증가는 엄청난 속도를 냈다. 50만 명, 80만 명 어느새 100만 명을 넘었다. 젊은 팬들과의 소통은 시바사키 할아버지에게 활력이 되어준다. 지금도 건강하게 꾸준히 영상을 만들며 활발한 크리에이터 활동을 하고 있다.

유튜브를 추천했던 아들이 할아버지의 동영상 편집을 맡고 있다. 처음에는 할아버지 작품을 공개하거나 수채화 그리는 노하우로 시작했던 영상의 기획이 점점 다양해졌다. 시청자가 보낸 그림을 첨삭하고 수정해 준다든가, 100엔 가게에서 산 물감이나 그림 재료로 그림 그려보기, 연필 하나로 그림 그려보기 등 폭넓은 콘텐츠를 만들어내고 있다. 그러다 시바사키 할아버지의 일상이 궁금하다는 구독자들의 요구로 기르는 텃밭을 공개하거나 산나물을 캐고 요리하는 일상 영상(영상일기)도 찍고 있다(기본적으로 할아버지, 할머니 생활 그대로를 힐링 콘텐츠로 보는 젊은이들이 많다).

수채화 그리기 하우투 영상은 브이로그 영상보다 반응이 적기도 했다. 구독자가 그렇게 많은데 1만 번밖에 재생되지 않는 경우도 꽤 됐다. 할아버지는 이 주객전도 현상에 고민을 하기 시작했다. 구독자 댓글을 봐도 그림 그리는 법을 알려달라는 사람이 별로 없었고 할아버지의 목소리나 말투, 붓 터치하는 모습을 보면서 '힐링이 된다'는 사람이 많았다. 할아버지는 구독자들의 희망에 따라 그림 강습보다는 마음을 좀 편하게 갖고 그저 일상을 보여주는 모습으로 채널의 방향성을 돌렸다.

그러다 지난 2021년에 할아버지는 심장이 좋지 않아 입원하는 일이 생겼다.

"원래 여섯 번 정도 심장 수술을 받았어요. 옛날에 개인전을 마치고 집으로 돌아가는 길에 갑자기 몸이 아파 심장 수술을 했고 현재는 심박 조율기와 함께 살아가고 있어요."

할아버지가 심장 질환에 대해 고백하자 "실은 나도 심박 조율기로 살고 있다"라는 댓글을 받았다. 할아버지는 '유튜브로도 서로 마음을 이해하고 감정을 나눌 수 있구나'라는 사실을 깨달았다.

"손이 점점 떨려요. 손이 떨려서 그림이 더 멋있어진다고 사람들에게 농담하죠. 제가 손을 제대로 움직일 수 있는 시간이 앞으로 5년 정도 남았을까요? 유튜브 덕분에 많은 사람에게 응원을 받고 있죠. 그 시기가 오기 전까지 해야 할 일을 열심히 할 예정입니다. 시간을 압축해서 사는 느낌이 들어요."

친환경 할머니 다라 미치코 'Earthおばあちゃんねる(지구 할머니 채널)'

일본에 사는 87세 다라 미치코 할머니는 혼자 사는 삶을 영상으로 남기고 있다. 채널을 개설한 지 3년 만에 15.8만 명의 구독자를 보유하게 됐다. 영상의 기획과 촬영, 편집 모두 16세 손자 아스와 함께 하고 있다. 미치코 할머니의 삶은 조금 특별하다. 지속 가능한, 친환경 삶을 살고 있기 때문이다. 그래서 채널명도 '지구 할머니'다. 특별히 지구나 환경을 위한 것은

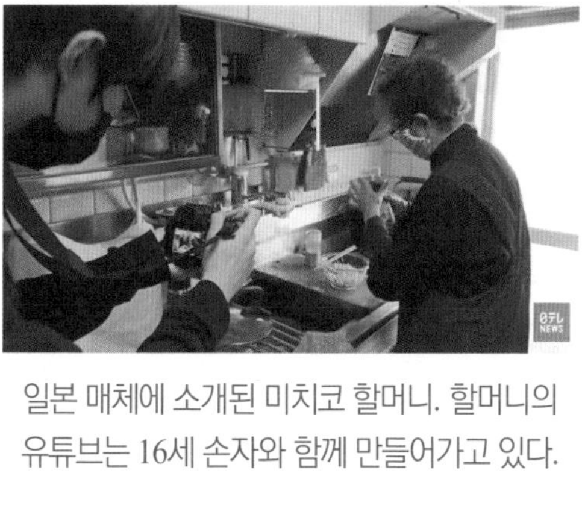

일본 매체에 소개된 미치코 할머니. 할머니의 유튜브는 16세 손자와 함께 만들어가고 있다.

아니었다. 평생 몸에 밴 알뜰한 일상일 뿐이다.

할머니는 한 번도 새 옷을 산 적이 없다. 아주 싼값에 헌 옷을 사서 자신의 사이즈에 맞게 리사이클링을 한다. 집 안에 장식된 그림이나 직물 인테리어는 모두 할머니의 작은 손에서 탄생한 것들이다. 꽃도 한 번도 산 적이 없다. 화려한 꽃을 별로 좋아하지 않아 길거리 잡초 꽃을 뽑아서 다 쓴 조미료 유리병에 꽂아 집에 장식한다.

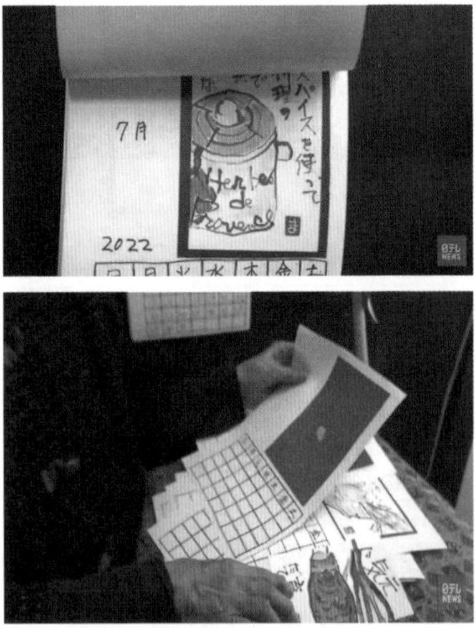

미치코 할머니가 직접 만들어 구독자에게 선물하는 그림 달력.

직접 그린 그림으로 달력도 만든다. 이제는 연말이 되면 할머니의 유튜브 구독자 10명에게 손수 만든 그림 달력을 선물로 준다. '특별하지 않지만 특별한' 이 모든 할머니의 일상은 친환경 콘텐츠가 된다. 일본 니혼TV에서 할머니의 유튜버 생활을 취재하기도 했다.

"진짜 이 나이에 이런 일이 일어날 거라고는 꿈에도 몰랐어요. 어느 날부터 100명, 200명 구독자가 늘더니 또 어느 날에는 하루에 1,000명 구독자가 쑥 늘어나는 거예요. 그러다 1만 명이 되더라구요. 진짜 깜짝 놀랐어요."

미치코 할머니가 유튜브를 보기 시작한 것은 2년 전 코로나로 집 밖에 나갈 수 없게 되면서다. 새로운 도전을 좋아하는 할머니는 손자에게 '나도 유튜버를 하고 싶다'라는 생각을 털어놓았다.

할머니는 65세 나이에 조리사 전문학교를 1년 동안 다니면서 조리사 자격증을 땄다. 80세에는 처음으로 귀걸이를 하기 위해 귀를 뚫었다. 85세 유튜브 세계에 들어가 직접 유튜버가 되었다. 손자와 유튜브를 기획하고 영상을 만들면서 가장 친한 친구가 됐다.

"나이 드는 것이 싫다, 무섭다는 분들은 제 영상을 봐주시면 좋겠어요. '저 나이에도 새로운 일을 배우면서 살 수 있구나'라는 댓글을 보면 나도 힐링이 돼요."

할머니는 앞으로 자신이 나이를 먹고 점점 약해지는 모습도 영상에 담고 싶다고 한다.

"죽음이 가까워져 오고 언제 죽을지 모르는 나이지만 그건 당연한 거니까 숨기거나 모르는 척하지 않아도 되지 않나 싶은 것이 제 생각이에요."

Chapter 7.

이제 나도 유튜버 되기
-기본상식 편-

유튜버 백세시대:
당신의 삶이 콘텐츠

"음… 유튜브 계정은 있으시죠…?"

유튜브 영상 보기를 즐기는 사람이라면 구글에서 만드는 나의 계정(아이디)은 있을 것이다. 계정만 있다면 나만의 채널은 금세 만들 수 있다. 혹시 계정이 아직 없다고 해도 걱정할 필요가 없다. 이메일 주소를 만드는 것과 같이 간단하게 나만의 계정을 만들 수 있기 때문이다.

구글 계정 만들기

유튜브 계정을 만들기 위해서는 먼저 구글 계정이 있어야 한다. 구글(Google.com) 사이트에 들어가면 오른쪽 위 끝에 9개의 점이 보일 것이다.

이 메뉴 버튼을 누르고 들어가 'Google 계정'을 누르고 사

이트가 시키는 대로 나의 정보(이름, 사용자 이름, 비밀번호 설정)를 입력한 다음, 이메일 주소나 휴대폰으로 인증을 하고 인증 코드를 받아 입력한 후 '확인' 버튼을 누르면 곧 계정이 생긴다. 참고로 'Google 계정' 밑에 'YouTube'라고 쓰인 메뉴를 누르면 나의 유튜브 채널도 만들 수 있다.

내 유튜브 채널 만들기

내친김에 유튜브 채널도 만들어보자. 다시 구글 사이트에 들어가 위에 언급한 'YouTube'를 클릭한다. 그러면 유튜브 사이트로 이동하는데 구글에 로그인이 되어 있다면 유튜브 계정에도 자동으로 로그인이 되어 있다. 이 상태에서 내가 좋아하는 영상에 '좋아요'를 누르거나 정기적으로 보고 싶은 콘텐츠 채널에 '구독'을 누를 수 있다. 댓글을 통해 여러 사람과 소통할 수도 있다.

한 걸음 더 나아가 나의 개인 채널을 만들고 싶다면 계정에 들어가 '내 채널'을 클릭한다. 그리고 오른쪽 아래 끝의 '채널 만들기' 버튼을 클릭한다. 그러면 개인 채널 만들기 화면으로 전환된다.

프로필 아이콘을 클릭한 후 '설정'에 들어가면 내 본명에서 채널 이름으로 변경할 수 있다. 이제 프로필에는 본명이 아닌 내가 만든 채널의 이름으로 표기가 되어 있는 것을 확인할 수 있다.

영상 한번 올려보기

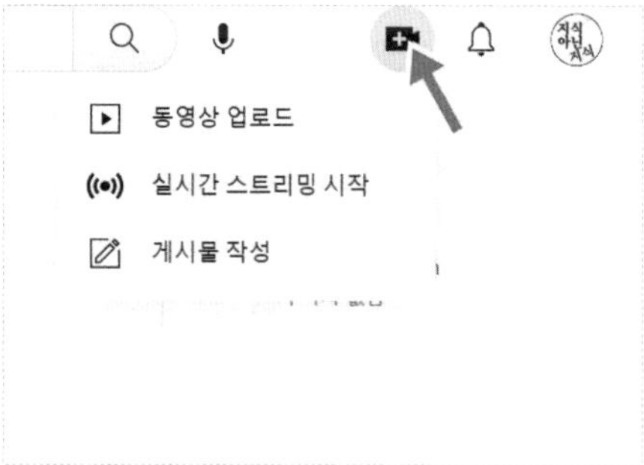

채널을 만들었다면 이제 영상을 올리는 연습을 해보자. 유튜브에 들어가 기존 아이디와 비밀번호로 로그인을 한다. 내 채널에 들어가면 카메라에 플러스 표시가 있는데 이를 클릭하

면 ‘업로드할 파일을 선택’이라는 버튼이 나온다.

이 버튼을 누르면 컴퓨터에 있는 영상을 불러와 유튜브에 게재할 수 있다.

기본 정보에 제목과 내용을 입력하고 섬네일이라는 영상의 표지가 되는 사진을 골라 넣는다. 섬네일은 구독자들의 클릭을 유도할 수 있도록 눈길을 끌고 흥미가 당기게 하는 것이 좋다. 요즘에는 이런 섬네일을 쉽게 만들 수 있는 프로그램도 많이 나왔는데 대표적으로 ‘망고보드’를 많이 이용한다.

다양한 콘텐츠를 쉽게 만들 수 있는 망고보드(www.mangoboard.net) 사이트.

섬네일 만들기

섬네일은 미리보기 화면이다. 사람들이 영상을 클릭하는 요소 중 가장 큰 비중을 차지해 영상을 만드는 것만큼이나 무시할 수 없는 요소다. 내 영상이 알고리즘을 타고 추천 영상으로 노출된다면 그다음 구독자들이 클릭해서 영상을 볼지 말지를 결정하는 요인이 되기 때문이다.

섬네일은 시기에 따라 그리고 콘텐츠의 종류에 따라 유행하는 디자인, 글씨 크기, 구성이 따로 있다. 내가 만들고 싶은 콘텐츠가 있다면 이 콘텐츠로 채널을 잘 운영하는 다른 대형 유튜브의 섬네일을 참고하는 것도 큰 공부가 된다. 이들의 섬네일 디자인을 따라 해본다든가, 나만의 것으로 살짝 변형해 보는 것만으로도 실력을 키울 수 있다.

섬네일이 안성맞춤으로 유튜브 화면에 맞으려면 가로×세로 1270×720(16:9) 비율로 제작해야 한다. 이미지를 만드는 일에 익숙하지 않다면 망고보드를 활용해 기존에 있는 샘플에서 문구와 이미지만 변경해도 그럴싸한 섬네일을 만들 수 있다.

구독 버튼 만들기

유튜브 영상을 보다 보면 영상 위에 동그랗게 뜨는 로고를 확인할 수 있을 것이다. 이를 구독 버튼이라고 하는데 구독 버튼을 노출해 내 채널을 구독하도록 유도한다. 구독 버튼은 '유튜브 스튜디오' 메뉴에 들어가면 만들 수 있다. 유튜브 스튜디오에서 '브랜딩'을 누르면 워터마크 브랜딩이라는 화면이 나온다. 이곳에서 영상 위에 넣을 구독 버튼이나 이미지를 업로드하면 된다. 구독 버튼은 본인의 프로필 사진을 사용해도 되고 특별한 로고 이미지를 제작해 넣어도 된다.

제목과 설명 잘 쓰기

제목은 유튜브 이용자들이 검색하기 쉽도록 핵심 키워드가 들어가는 것이 좋다. 예를 들어 영상이 현재 일어나고 있는 화제나 이슈 소식을 다룬다면, 네이버 같은 포털사이트에서는 사건과 관련해 어떤 연관 검색 키워드를 쓰고 있는지 확인하고 활용해 봐도 좋다. 사람들이 보고 궁금해할 호기심 가득 넘치는 문구를 사용해 눈길을 끄는 것도 좋다.

영상의 내용을 축약해 쓰는 설명은 #(해시태그)를 활용하면 검색에 노출되기 용이하다. 해시태그는 인스타그램에서처럼 해당 해시태그 주제의 영상을 검색하면 노출되도록 하는 효과가 있다. 영상에 맞는 태그도 꼼꼼하게 넣는 편이 좋다. 제목이나 설명에서 검색될 많은 키워드를 태그에 다시 한 번 넣어준다. 나를 포함한 유튜버들이 의외로 간과하는 부분이다.

저작권에 주의하세요

영상을 정성으로 잘 만들어놓고 낭패를 보는 경우가 저작권 문제 때문이다. 저작권은 유튜버들에게 민감한 이슈인데 음악이나 이미지, 폰트 등 저작권이 있는 자료를 잘못 사용해 영상을 만들면 수익적인 면에서 손해를 볼 수 있다. 게다가 요즘에는 유료 폰트를 여기저기 미끼처럼 뿌려놓고 사용하는 유튜버들을 찾아 저작권 합의금을 요구하는 '폰트 사냥꾼'들이 많기에 더 주의해야 한다. 무조건 가져다 쓰다가 수익보다 합의금이 더 많이 나갈 수 있다. 게다가 저작권이 있는 음악을 쓰는 경우에는 아무리 구독자나 조회 수가 많더라도 광고 수익을 전혀 낼 수 없다. 상업용 무료 한글 폰트 사이트 '눈누'나 '공유마당'에 가보면 상업용으로도 사용 가능한 다양한 폰트를 내려받을 수 있다.

음악도 마찬가지다. 무료 음원 사이트에서 자유롭게 사용 가능한 것인지 꼭 확인하고 써야 한다. 과거 문재인 대통령 집 앞에서 시끄럽게 시위하는 유튜버를 보고 인근 주민들이 디즈니 음악을 크게 틀어버린 일이 있었다. 이 영상의 경우 디즈니 저작권을 침해하게 되어 해당 유튜버는 광고 수익을 내지 못하게 되었다. 삭제 요청이 오진 않지만, 저작권에 걸린 영상은 수익을 낼 수 없다.

조심해야 할 저작권 종류, 뭐가 있을까?

① 소설, 시, 논문, 강연, 연설, 각본, 기사 그 외 어문 저작물
② 음악 저작물
③ 연극 및 무용, 무언극 그 외 연극 저작물
④ 서예, 회화, 조각, 판화, 공예 등 미술 저작물
⑤ 건축물, 건축물을 위한 모형 및 설계도서 그 외 건축저작물
⑥ 사진 저작물
⑦ 영상 저작물
⑧ 지도, 도표, 설계도, 약도
⑨ 컴퓨터 프로그램 저작물

저작권에 위배된 영상이 들어가면 '수익 창출' 요건 미충족으로 표시가 된다. 해당 영상은 미국 CBS의 다큐멘터리 영상을 차용해 저작권 수익을 내지 못한 경우다.

저작권 위반 경고를 3번 받으면 계정 및 계정과 연결된 모

든 채널이 해지될 수 있다. 또 계정에 업로드된 모든 동영상이 삭제될 수 있고 새 채널을 만들 수 없다. 저작권 위반 경고는 90일 이후 소멸한다고 한다.

음악이 필요하다면 각종 영상 편집 프로그램 속 무료 음원을 사용하거나 유튜브에서 제공하는 '오디오 라이브러리'를 적극적으로 활용해도 좋다. 유튜브 크리에이터 스튜디오→만들기→오디오 라이브러리로 들어가면 무료 음악과 음향 효과가 아주 많이 있다. 여기서 내가 원하는 음악을 찾아서 다운로드한 후 영상 편집 시 음악을 추가해 제작하면 된다. 일부 음악에는 저작자 표시 마크가 달려 있는데, 이 경우 음악을 가져다 쓸 때 해당 저작권 정보를 내 영상 설명란에 덧붙여 주면 문제가 없다. 설명에 덧붙이는 것이 번거롭다면 저작권 표시가 필요 없는 음악을 선택해 내려받아 사용하면 된다.

저작권 무료 음원을 받을 수 있는
유튜브 '오디오 라이브러리'.

열 번 강조해도 과하지 않은 것 "잘되는 영상은 무엇일까?"

유튜브 영상 제작에서 가장 중요한 것은 아마 누구에게 물어보아도 이 대답이 나올 것이다. 바로 '성실함'이다. 유튜브 정책상 꾸준히 성실하게 제작하는 채널의 영상을 주목하고 알고리즘에 태운다. 반대로 말하면 유튜브 영상을 만들려면 내가 성실할 수 있는 콘텐츠를 선택해야 한다는 뜻이다. 지치지 않고 꾸준함을 발휘할 수 있는 것을 잘 생각해 보고 채널과 콘텐츠의 성격을 정해야 한다.

나 역시 처음에는 이것도 해보고 싶고 저것도 해보고 싶은 마음에 이런저런 다방면의 영상을 만들어 '잡탕' 채널처럼 올렸기에 조회 수가 영 나오지 않았다. 잡다한 영상을 만들어 올리기보다는 자신만의 색깔이 확실한, 즉 '장르'가 분명해 일관성이 있는 영상들을 만들어 올려야 흥행(알고리즘)에 유리하다.

해서는 안 되는 일! 삭제와 맞구독, 돈으로 구독자 사기

유튜브를 처음 시작할 때 구독자 1,000명을 목표로 했다. 아등바등 컴퓨터와 씨름하고 있는 나를 보고 옆에서 남편은 무심하게 한마디 던졌다.

"1,000명이 모여서 서로서로 구독을 눌러주면 되는 거 아니야? 그럼 모두 수익을 낼 수 있잖아?"

이론상으로는 매우 그럴듯한 말이다. 가능한 이야기 같아 가장 많은 가입자 수를 보유하고 있는 크리에이터 네이버 카페에 가입해 맞구독을 하는 사람들이 있는지 찾아봤다. 그런데 그곳에서 통용되는 정설은 "구독 수를 늘리기 위한 '맞구독(서로 채널을 구독해 주는 것)'은 절대 해서는 안 되는 일"이라는 것이다. 그런 경우가 많을수록 AI가 감지해 알고리즘을 타지 못하도록 한다는 이유에서였다. 1,000명 구독자가 있어 수익이 나는 단계라 할지라도 맞구독이 많은 채널은 더 많은 구독자에게 보일 기회를 주지 않는다는 것이었다. 구글에 확인된 바는 없는 이야기다. 그러나 무시할 수도 없는 그럴싸한 일이기도 하다. 수많은 유튜버가 체감을 통해 예측한 이야기이니만큼 '하지 말라는 것'은 '하지 않는 편이 좋다'.

돈으로 구독자를 늘리는 수법도 있었다. 정확한 비용은 모르지만 생각보다 꽤 저렴한 비용으로 1,000명 구독자는 금방 모은다는 광고 글을 본 적이 있다. 모두 유령 구독자다. 내가 영상을 올릴지언정 그 영상을 봐주는 사람들이 아니다. 맞구독도 감지하는 구글이라면 이를 모를 리 없다. 유튜브에 지름길은 없다. 성실하게 정성을 들여 영상을 만들어가는 사람에게 알고리즘 광명이 내린다는 것이 많은 사람이 주장하는 바다.

또 하나 크리에이터 카페에서 주장하는 설이 있다. 영상을 삭제하면 알고리즘에서 핸디캡을 받는다는 것이다. 그래서 그들은 영상을 보이지 않게 하려면 삭제 대신 '비공개' 설정을 이용하고 있다고 말한다. 이 역시 구글이 확인해 준 사실은 아니다. 그러나 다시 말하지만 다수의 사람이 하지 말라는 것에는 귀를 기울일 필요가 있다. 유튜브를 시작한다면 먼저 시작한 사람들의 이야기를 듣고 적극 참고하는 태도도 필요하다.

Chapter 8.

이제 나도 유튜버 되기
-준비 편-

유튜버 백세시대:
당신의 삶이 콘텐츠

'이것만은 꼭 알자' 유튜브 콘텐츠 용어

유튜브 유행이 하루가 다르게 빠르게 변하는 만큼 용어 또한 새로 나왔다가 금세 사라진다. 그중에서도 신조어였지만 변치 않고 사용되는, 거의 국어사전에 등재돼도 이상하지 않을 유튜브 공식 콘텐츠 용어를 살펴본다.

● 하우투(How to) 채널

영어로 '어떻게 할까?'를 뜻하는 '하우투(How to)' 채널은 문자 그대로 무엇이든 방법을 알려주는 채널을 말한다. 일상생활 속 간단한 팁부터 목공이나 음식 만들기, 디지털 기기 사용하기 등 자신만의 직업적 연륜이나 전문가 수준의 취미생활 노하우를 담은 채널이다.

● 하울(Haul) 채널

Haul(하울)은 물고기가 가득한 그물을 세게 끌어 올린다거나 큰 짐을 수레나 차로 나르듯이 물건을 대량으로 가져오는 것을 말하는 영어 단어다. 하울 채널은 주로 흥청망청 쇼핑한 물건을 펼쳐 보이며 구독자에게 소개하는 채널이다. 대부분

보는 이의 소비 만족감을 대리 충족해 주는 채널로, 일반 사람들은 범접할 수 없을 정도의 비싼 명품이나 엄청난 물품을 대량으로 구매해 거침없이 뜯는 것 자체를 보여주는 영상이 곧 콘텐츠가 된다. 마치 자신이 구매한 것 같은 대리 만족을 느낄 수 있다.

- 와츠인마이백(What's in my bag?)

주로 유명 셀럽이나 인플루언서들이 하는 콘텐츠로 '내 가방 안에 뭐가 있는지' 하나씩 풀어 보여주는 콘텐츠다. 자기만 가진 아이템을 보여주면서 추천하거나 간접적으로 광고로 이어질 수 있는 채널이다.

- 언박싱(Unboxing)

하울과 비슷한 채널인데 주로 새로 발매되는 전자기기에 많이 쓰는 단어다. 스마트폰이나 신제품 전자기기를 샀을 때 제품 포장을 개봉하고 새로운 기능을 테스트해 보기도 한다. 전자기기 얼리버드들에게 유용한 정보가 될 수 있고, 때로 인플루언서들의 언박싱 영상은 광고 효과를 볼 수도 있어 광고로 진행하는 경우가 많다.

• 브이로그

비디오(Video)와 블로그(Blog)의 합성어인 브이로그는 영상을 기록한 블로그로 대부분 자신의 일상을 담은 영상을 말한다. 팬덤을 가진 대형 크리에이터나 연예인이 팬들에게 자신의 일상을 공개하고 소통하기 위한 목적으로 만드는 콘텐츠다. 요즘 귀농을 한 후 그곳 브이로그 영상으로 유튜브를 하는 이들이 많은데, 도시 사람들에게는 생소하고 흥미로운 시골 일상을 보여주는 것만으로 인기를 끌기도 한다.

• ASMR

ASMR은 이제 무척 익숙한 단어가 됐다. ASMR은 특정 소리를 내는 오디오로 뇌를 자극해 심리적으로 안정이나 쾌락을 유도하는 영상이다. 고도의 녹음 장치를 이용해 만드는데, 단순히 특정 소리를 녹음해서 들려주는 수준이 아니라 얼마나 기분 좋게 소름 돋는 '팅글'이라고 불리는 소리를 만드느냐가 인기의 기준이 된다.

• OOTD(Outfit Of The Day)

요즘 OOTD 채널을 만드는 시니어 유튜버들도 많아졌다.

OOTD는 'Outfit Of The Day'의 준말로 '내가 오늘 입은 패션'이란 뜻이다. OOTD 채널은 오늘 입은 내 옷을 소개하고 어울리는 패션 아이템, 멋스럽게 코디하는 방법, 옷 쇼핑 정보 등을 담아내는 패션 콘텐츠를 선보인다. 유튜브뿐만 아니라 각종 SNS에도 많이 게재되는 패션 콘텐츠다. 나이가 들수록 어떻게 입어야 할지 고민되기 마련이므로 시니어 OOTD는 실버 시대 비전이 좋은 콘텐츠이기도 하다.

- 리액션(Reaction)

제삼자가 새로 나온 인기 영상들을 보며 리액션(반응)하는 모습을 담은 콘텐츠다. 유명 가수의 신곡 뮤직비디오나 인기 영상을 보며 주로 리액션 영상을 찍는데, 당연히 약간의 과장된 표현('주접'이라고 한다)을 담거나 반응을 극대화해서 찍는 것이 특징이다. 공감이나 소통이 대면으로는 부족한 시대이니만큼 이런 리액션 영상을 보며 나와 같은 생각과 반응을 가진 이들의 모습을 보면서 안정감을 찾는 것이 대세가 됐다. 리액션 영상은 저작권을 침해할 여지가 있어 원본 영상을 모자이크나 블러(흐림) 처리 혹은 각도를 달리해 노출해야 한다. K-팝 뮤직비디오가 새로 나오면 속속들이 리액션 영상이 제작되곤 하는데, 트로트 뮤직비디오를 보며 리액션하는 시니어 영상은 아직 보지 못한 것 같다. 가수 임영웅의 새로운 곡 뮤직비디오가 나왔을 때 시도해 보면 어떨까? 재밌는 그림이 나올 것 같다.

- 커버(Cover)

기존에 발매된 노래를 자기만의 방식으로 부르는 영상 콘텐츠를 말한다. 아직은 주로 인기 발라드 장르에 국한되어 있지만 우리나라 사람들은 노래 부르는 것을 참 좋아하는 흥의 민족이다. 트로트 커버 영상은 종종 보이는 것 같지만 더욱 보편화되면 젊은이들이 봐도 재밌는 그림이 나올 수 있을 것 같다. 언젠가는 트로트 커버 영상이 시니어들 사이에 붐을 일으키는 날이 오길 기대한다.

영상 만들기 전에 짚고 넘어가는 18가지 체크 포인트

국내 시니어부터 해외 시니어까지 자신의 취미나 일상을 공개하며 대형 유튜버가 된 사례는 차고 넘친다. 당신이 일상을 보내는 취미나 특기는 무엇인가. 작아도 좋다. 화분 키우기, 요리, 낚시, 바둑, 독서, 영화, 드라마 보기, '미스터 트롯' 덕질까지… 모든 것을 영상화하면 그것이 바로 콘텐츠가 된다.

박막례 할머니처럼 TV 드라마를 보며 "저거 미친×" 하는 적나라하고 투박하지만 자연스러운 비평 영상마저도 수백만 뷰를 기록하는 콘텐츠가 된다. 이렇듯 유튜브는 누구에게나 열려 있다. 유튜브는 스펙도 배경도, 인지도도 필요 없이 모두에게 평등하다. 백세시대다. 정년을 맞이하고도 창창한 나날이 남았다. 그야말로 '유튜브 백세시대' 영상을 만들기 전 꼭 짚어 넘어가야 할 체크 포인트를 담아봤다.

틈새시장 찾기

유튜브 영상을 보다 '와 틈새시장이란 이런 것이구나' 느꼈던 영상이 있다. 바로 낡고 오래된 동전을 마치 새것처럼 닦아내는 동전 복원 영상이다. 넋 놓고 보기 좋은 영상이고 점점 깨끗해지는 동전을 보면 괜스레 기분이 좋아진다. 따지고 보면 기획이 필요한 것도 아니고 특별한 기술이 필요한 영상도 아니다. 단순하지만 그간 유튜브 채널에 없었던 틈새시장이라는 점에서 동전 닦기 콘텐츠는 대박이 났고 이제는 하나의 장르가 됐다. 하찮고 작은 것이라도 구글은 유튜버들에게 '세상에 없는 영상을 만들어내라'라고 독려한다. 기존에 없었던, 사람들의 눈길을 끌 수 있는 콘텐츠 틈새를 찾는 것. 성공이 보장된 비결 중 비결이다.

장비에 대해

과거 10년 전 유튜브 생태계였다면 고품질의 장비는 필요 없고 그저 휴대폰 카메라나 이어폰만으로 유튜브를 시작하라고 권했을 것이다. 그런데 이제는 방송 수준만큼이나 유튜브 영상의 화질, 오디오가 중요한 시대다. 시작하려면 제대로 하는 것이 좋다. 그러기 위해서는 어느 정도의 장비는 갖춰주는 것이 유리하다.

다행히 1인 크리에이터들이 늘면서 유튜버 전용으로 값싸고 가성비 좋은 장비가 시중에 많이 나왔다(아마도 중고 거래 사이트를 뒤져보면 좋은 매물도 많을 것이다). 자신이 운영하는 채널에 따라 오디오가 중요하다면 마이크를, 영상이 중요하다면 가성비 좋은 조명이나 카메라를 알아보는 것도 필요하다.

스마트폰이나 카메라를 고정할 삼각대는 필수다. 톱스타들이 조명에 신경을 쓰는 이유는 따로 있다. 비싸지 않은 LED 조명 몇 개만 얼굴에 비춰봐도 한층 화사해 보인다. 영상 퀄리티 자체가 높아 보이는 효과도 있다.

소리가 또렷하게 들리지 않으면 집중력이 떨어지게 마련이다. 카메라에 내장된 마이크로 녹음을 할 수 있지만 선명한 음질을 위해 마이크는 꼭 장만하는 것이 좋다. ASMR까지는 아니지만 작업하는 소리 또한 시청자들의 감각을 자극해 주목하게 할 수 있다.

나 역시 오디오 녹음용으로 3만 원대 녹음 전용 마이크를 쓰고 있는데 수음력이 꽤 쓸 만했다. 처음 시작할 때는 최소 용품만 사용하고 점점 익숙해지면서 필요한 물품을 하나씩 추가해 가는 것을 추천한다.

채널 기획하기

채널을 어떤 소재로 운영할지 기획하는 방법을 간단히 정리하자면 다음과 같다.

① 내가 자신이 있고 관심이 있는 분야 찾기

② 메인 기획 정하기

- 나만의 콘텐츠, 지속 가능한 콘텐츠인지 확인하고 또 확인할 것.
- 최소 2년간 꾸려나갈 수 있는 재료가 충분한 소재인지 확인.

③ 타깃층 정하기

- 시청자 연령층을 어떻게 정하느냐에 따라 내용이 조금씩 달라질 수 있다. 달걀 깨기도 해본 적이 없는 초보 요리사를 타깃으로 정했다면 메뉴부터 쉬운 것으로 시작해야 할 것이다.

닉네임과 채널 이름 정하기

사실 채널의 이름은 무엇이든 상관이 없다. 남이 보기에 아무런 뜻이 없는 단어라도 괜찮다. 다만 글로벌을 노린다면 영어 이름이 좋을 것이다. 채널의 이름은 채널 이름에서 어느 정도 콘텐츠의 종류와 방향성이 짐작되는 것이 좋다. 너무 무거워도 좋지 않고, 너무 심한 비속어가 사용된 것만 아니라면 자기가 원하는 어떤 이름을 붙여도 된다. 단, 채널이 유명해진 경우 채널 상표 등록을 생각해 봐야 한다. 누군가 내 채널의 이름을 도용할 수 있기 때문이다.

업로드 주기는?

가능하다면 일주일에 2개 이상은 업로드하라고 권하고 싶다. 앞서 언급했던 것처럼 알고리즘은 성실한 업로더를 선호한다. 또한 업로드 요일과 시간을 미리 공지하면 고정 구독자 수를 늘리는 데 도움이 된다. 기획하고 촬영하고 편집하는 날과 시간을 정해 규칙적인 업무 패턴을 만들어간다. 무리하지 않는 선에서 내 페이스대로 새로운 영상을 만들고 게시하는 주기를 만들어보자. 나는 처음 너무 무리한 나머지 일주일에 3, 4개씩 올리다 팔목과 어깨에 인대가 늘어나 병원 신세를 졌다.

꼭 필요한 것은 인내와 성실이다

참는 시간도 필요하다. 성공적인 유튜브 채널을 구축하는 데에는 시간이 걸린다. 당장 결과를 보지 못하더라도 낙담하지 마라. 계속해서 콘텐츠를 만들고 구독자들과 함께하면 시간이 지남에 따라 충성도 높은 구독자가 생길 것이다. 새로운 것을 시작하기에 너무 늦은 것은 없다는 것을 기억하자.

유튜브 성공 비결은 꾸준함이다. 사실 가장 필수적인 요소면서 누구나 가질 수 없는 재능 중의 재능이 성실함 아닐까? 일주일에 한 편이라도 꾸준히 올려야 구독자 수를 늘릴 수 있다. 한두 개 올려진 동영상에 누가 그 귀한 구독 버튼을 눌러줄까?

처음부터 대박이 나겠다는 기대보다는 늘 하던 대로 자신의 취미생활을 하되 그것을 영상으로 기록한다는 마음가짐이 중요하다. 그래야 지치지 않고 아이디어 고갈 없이 2~3년 쭉 콘텐츠를 제작할 수 있다.

사실 할머니 시니어가 유리하다

유튜버로서 경쟁력 있는 계층은 주부 생활을 오래 한 할머니들이다. 라이프 콘텐츠는 언제나 많은 사람의 관심사이기 때문이다. 별다를 것 없이 큰 손으로 만드는 '할머니 반찬' 콘텐츠는 친근한 목소리로 수많은 정보를 누구보다 쉽게 풀어낼 수 있는 것이 강점이다. 젊은 사람들이 시니어 유튜브를 구독하는 이유는 정보를 얻거나 노하우를 배우기 위함보다는 할머니 특유의 푸근함과 정겨움, 즉 힐링 때문이다.

완벽하지 않아도 괜찮다

할머니 주부들이 선뜻 유튜브에 도전할 수 없는 이유는 아마 카메라나 컴퓨터 등 기계를 다루는 것을 두려워하기 때문일 것이다. 유튜버로 가는 가장 큰 벽이 영상 편집일 것인데, 그다지 겁낼 필요가 없다. 점점 직관적인 프로그램이 개발되고 있으며 인스타그램 릴스만으로도 훌륭한 영상이 만들어지고 있다. 유튜브에 올릴 영상이기에, 수많은 사람이 볼 수도 있기에 전문가 수준으로 만들어야 한다는 강박을 버려야 한다. 콘텐츠만 확실하다면 보이는 면은 크게 중요하지 않다. 오히려 잘 다듬어진 방송은 TV로 보면 된다. 성글고 빈틈이 많아서 친근하게 볼 수 있는 것이 유튜브 콘텐츠의 묘미다.

젊은 세대와의 소통을 즐겨라

요즘 초등학생 장래 희망 1위가 1인 크리에이터다. 초등학생을 대상으로 한 유튜브 영상 만들기 특강도 진행되고 있다. 사실 그들과 접점은 거의 없다. 명절에 오랜만에 만나도 딱히 할 이야기가 없는 이유다. "학교에서 공부 잘하니?" 같은 꼰대 발언은 분위기를 싸늘하게 만들겠지만, "내가 유튜브 방송을 시작했다"라는 한마디로 당신을 바라보는 아들딸, 손자·손녀들의 눈빛이 달라질 것이다. 내가 유튜브라는 플랫폼을 공부하고 시도하는 것만으로 아들딸, 손자와 소통할 수 있는 큰 계기가 된다.

광고 수익

광고료가 승인되려면 두 가지 조건, 과거 12개월간의 총 시청 시간이 4,000시간 이상이고 구독자 수는 1,000명 이상이어야 한다. 예를 들어 유튜버가 5분 길이의 동영상을 올리고 시청자가 3분 정도 보고, 조회 수가 8만 정도 나온다면 시청 시간은 4,000시간이 된다. 이런 조건이 충족되면 유튜버의 콘텐츠에 구글 광고가 노출되면서 광고 수익이 발생한다. 1년마다 이 조건을 충족해야 광고 수익이 유지된다. 유튜브 광고 시스템은 그리 호락호락하지 않다.

초반 30초가 중요

안방극장에 앉아 진득하게 보는 TV 프로그램은 기승전이후 클라이맥스가 필요하지만 웹 콘텐츠의 클라이맥스는 초반 30초다. 이동 시, 출근길 전철, 버스 안에서 잠깐씩 소비하는 웹 콘텐츠는 초반 30초 동안 눈길을 끌지 못하면 바로 옆에 알고리즘으로 떠 있는 다른 방송으로 옮겨진다. 물론 요즘은 노이즈 사운드로 잘 때, 집중할 때 틀어놓는 일도 있으니 다른 사례도 있겠지만 초반 30초가 중요한 건 여전하다.

섬네일도 중요

섬네일과 제목은 구독자들의 멱살잡이와 다름없다. 여러분도 섬네일에 끌려 클릭을 해본 경험이 다들 한 번씩은 있었을 것이다. 너무 자극적이지 않게, 단순히 시선을 잡아끌 수 있도록 한다.

실수를 두려워하지 말라

웹 콘텐츠에도 편집이 있지만 기존 레거시 방송과 다른 것이 실수가 용납됨을 넘어서 실수를 해도 더 재밌는 콘텐츠가 만들어진다는 점이다. 요리하다가 망했다 해도 망한 대로 콘텐츠가 된다. 망했으니 이렇게 하지 마세요^^ 이모티콘만 있으면 그만이다. 이런 돌발 상황, 즉흥성이 주는 재미가 있으니 두려워할 필요가 없다.

수익으로 연결되는 광고에 대해

자극적인 영상을 만들어 조회 수가 높으면 수익이 높을 가능성도 있지만 둘의 관계가 반드시 비례하지 않는다. 게다가 광고는 어느 나라에서 소비하느냐에 따라 단가가 달라진다. 한국의 광고 단가가 1이라면 일본은 3~4 미국은 7~8에 이른다.

광고 단가는 구독자 연령대에 따라서도 다르다. 키즈 채널의 경우 유아 대상 광고만 노출될 가능성이 커 광고 단가는 상대적으로 낮고 2030 여성을 대상으로 한 쇼핑, 뷰티 채널은 광고 단가가 높다.

실제로 유튜브에서 가장 중요하게 여기는 지표는 시청 시간이다. 시청 시간과 구독자 수, 조회 수 등 다양한 지표로 영상을 판별해 광고를 붙일지 말지를 결정한다. 이 지표들이 우수하면 비싼 광고가 붙을 확률이 높아진다. 구글 광고 시스템은 굉장히 정교하고 복잡하게 작동하기 때문에 어떻게 채널을 운영해야 높은 광고 수익이 나는지는 그 누구도 쉽게 분석하기 어렵다. 다만 한 가지 확실한 점은 꾸준함으로 충성도가 높은 구독자를 유지하는 채널이 길게 볼 때 안착하기 쉽다는 것이다.

남을 비하하는 것은 금물

정치적 발언이나 특정층을 비하하는 단어는 그것이 비단 재미를 위한 것이라 해도 부메랑처럼 그 악영향이 되돌아온다. 게다가 1인 방송 유튜버는 1부터 10까지 영상의 모든 부분을 스스로 책임져야 하는 부담감을 가지고 방송을 해야 한다.

한때 유튜버 사과 영상이 유행한 적이 있다. 시청자와 직접 소통하는 플랫폼이다 보니 작은 논란거리도 방송에서 바로 퇴출당할 수도 있는 중대한 문제로 확대되곤 한다. 물론 사과 영상이 조회 수가 잘 나온다는 이유만으로 일부러 어그로를 끌어 문제를 일으키고 사과 영상을 만드는 어그로 유튜버가 생겨나기도 했다.

요즘은 사과의 방법도 중요하다. 사과할 때에는 무엇을 잘못했는지 명확히 하고, 상대방의 기분에 공감해 진심으로 반성하고 노력하는 모습을 보이는 것이 최선이다.

물론 사과 영상이 필요할 정도로 논란을 일으켰다면 당신은 이미 영향력 있는 스타 유튜버가 됐다는 방증이겠지만.

악플은 숙명이다

악플은 어느 곳에서든 숨을 쉰다. 누구나 악플에 취약할 수 있다. 어떤 유튜버는 댓글 기능을 막아놓기도 한다. 1인 방송은 소통이 가장 중요하다고들 하지만 내 방송에 객관적으로 문제가 없고 악플로 인해 내가 스트레스를 받는다면 과감하게 댓글 창을 닫아버리는 것도 요즘 시대에 나쁘지 않은 것 같다.

유튜브는 마라톤이다

성공한 전문 유튜버들은 1년 이내에 성공하는 1인 미디어는 존재하지 않는다고 말한다. 그만큼 유튜브 제작은 단거리 승부가 아니라 기나긴 마라톤이다. 그중 누가 중도하차를 하지 않고 끝까지 끌고 가느냐가 성공의 비결이다.

조회 수나 구독자 수에 연연하지 않고 묵묵히 자기가 좋아하는 콘텐츠를 꾸준히 제작할 수 있어야 비로소 유튜버로 안착할 수 있는 것이다. 당장 시청자 반응이 없다 해도 실망할 필요는 없다. 1년, 2년, 3년까지 꾸준히 하다 보면 어떤 방식으로 터져도 구독자가 는다. 충성도 높은 구독자가 생기면 초창기 조회 수 10에 그쳤던 콘텐츠도 결국 팔리는 콘텐츠로 변모한다.

안주는 금물, 꾸준한 트렌드 살피기

채널이 어느 정도 모양새를 갖췄다고 해서 내 방식만 고집해 운영할 수는 없다. 트렌드는 빠르고 끊임없이 바뀌기 때문이다. 요즘 유행하는 콘텐츠를 참고하고 내 채널에 적용할 수 있는 소재나 참고할 만한 만듦새는 없는지, 꾸준히 따라가다 보면 한층 성장한 모습을 발견할 수 있을 것이다. 아무리 배워도 배움에는 끝이 없다는 말이 맞는다.

Chapter 9.

이제 나도 유튜버 되기
-실전 편-

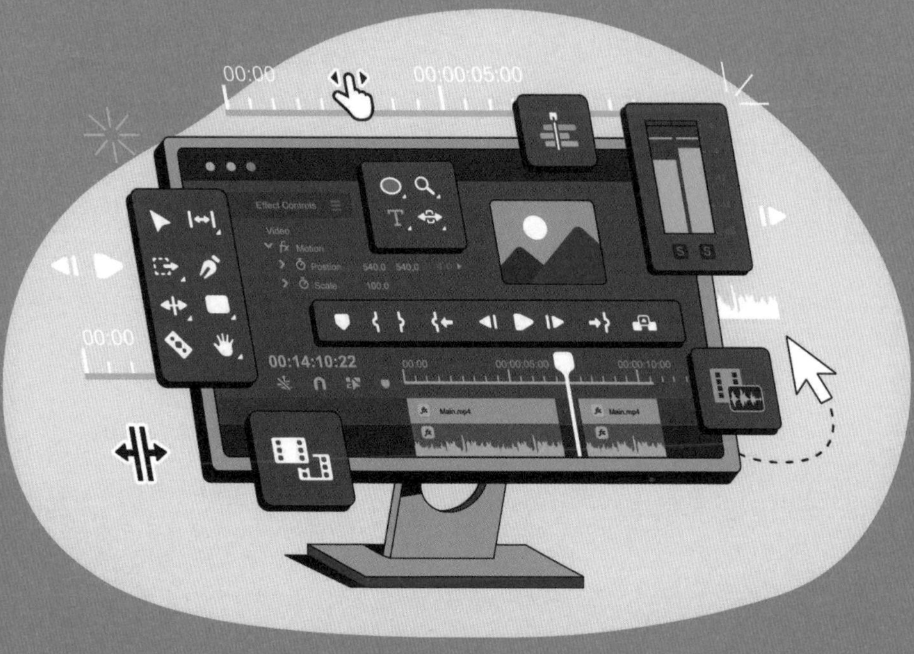

유튜버 백세시대:
당신의 삶이 콘텐츠

어떤 영상 편집 프로그램이 나에게 맞을까? 방송 프로그램 정도는 거뜬히 만들 수 있는 전문가용부터 초보를 위한 간단하면서 조작이 쉬운 프로그램까지 시중에 많이 나와 있다. 나 역시 편집이라고는 전혀 모르고 무작정 프로그램을 이리저리 만져보면서 사용법을 익혔다. 모르는 것은 유튜브에서 검색하면 노하우 영상이 나오니 따로 강의를 다닐 필요도 없었다. 유튜브 하기 좋은 세상이다.

전문가용 어도비 프리미어 프로나 파이널 컷 프로 엑스 같은 화려한 프로그램도 있지만, 편집 초보자나 기계에 익숙지 않은 사람들도 쉽게 사용할 수 있는 동영상 편집 프로그램만 골라서 소개해 보려 한다.

시니어가 쓰기 편한 편집 프로그램은?

● 다빈치 리졸브

처음 일회성으로 영상 편집을 배우러 간 기관의 선생님이 추천해 준 프로그램이다. 위에 언급한 프로그램들이 유료라면, 다빈치 리졸브는 다양한 기능이 탑재되어 있지만 무료로 이용할 수 있다. 비디오 편집을 막 시작하고 유료 프로그램에

투자하고 싶지 않은 사람들에게 좋은 옵션이 될 것이다. 유료 버전인 다빈치 리졸브 스튜디오는 훨씬 더 많은 기능을 제공해 전문 비디오 편집자가 주로 사용한다.

- iMovie(아이무비)

iMovie는 모든 Mac 컴퓨터에 무료로 제공되는 기본 비디오 편집 프로그램이다. 간단하고 단순한 영상 편집으로 충분한 초보자들에게는 좋은 선택이 될 수 있다. 그래도 기본 트리밍(영상을 자르는 기능), 트랜지션(영상과 영상 연결을 꾸며주는 기능), 이펙트(특수 효과) 같은 기능이 포함되어 있어 쓸 만하다.

- 오픈샷

오픈샷은 무료 오픈소스 영상 편집 프로그램으로 초보자도 쉽게 사용할 수 있다. 비디오 전환, 효과 및 오디오 편집을 포함한 많은 기능을 제공한다. 인터페이스가 단순하고 직관적이어서 학습과 사용이 용이하다.

● 숏컷

비디오 및 오디오 필터, 색 보정, 텍스트 및 이미지 오버레이 등 다양한 기능을 제공한다. 인터페이스가 간단하고 사용자 친화적이어서 초보 영상 편집자가 도전해 보기 좋다.

● VSDC 프리 비디오 에디터

VSDC 프리 비디오 에디터는 Windows에서 무료로 사용할 수 있는 영상 편집 프로그램이다. 비디오 및 오디오 효과, 색 보정, 텍스트 및 이미지 오버레이를 포함한 많은 기능을 제공한다. 인터페이스가 직관적이고 사용하기 쉽다.

● 블렌더

블렌더는 비디오 편집 기능을 제공하는 무료 애니메이션 소프트웨어다. 비디오와 오디오 편집, 애니메이션 및 시각 효과를 포함한 광범위한 기능이 탑재되어 있다. 위에 언급한 프로그램보다는 조금 복잡한 인터페이스를 갖고 있지만, 고급 기능이 많다.

● 윈도우 무비 메이커

마이크로소프트에서 더 이상 공식적으로 지원을 하고 있지는 않지만, 윈도우 무비 메이커는 여전히 다운로드가 가능하고 사용할 수 있다. 아주 기본적인 비디오 편집을 할 수 있고 그만큼 조작하기도 쉽다. 영상을 처음 시작하는 사람이 도전해 볼 만한 프로그램이다.

● 비디오 스튜(videostew)

국내 스타트업 회사가 만든 사이트다. 텍스트만 주면 자동으로 영상을 만들어주는 TTV 기술을 탑재했다. 다양한 플랫폼에 대응하는 템플릿이 있어 유튜브 동영상에서 릴스, 쇼츠, 틱톡 영상까지 만들어준다. 영상 편집은커녕 블로그조차 전혀 해본 적이 없고 그저 사이트 로그인만 할 수 있는 수준이지만 영상을 만들어보고 싶은 사람이라면 비디오 스튜를 추천한다. 유료 회원제로 운영되고 있다.

● 브루(Vrew)

역시 보이저엑스라는 국내 스타트업 회사가 만든 생성형 AI 기술로 만든 영상 편집 사이트다. 자신이 찍은 영상을 입력하면 자막은 알아서 AI가 달아주고 AI 목소리가 내레이션도 해준다. 개발자가 '부모님이 쓰기 좋은 영상 편집 프로그램을 만들어보자'라는 취지로 만들어 쉽게 누구나 영상을 만들 수 있다. 비디오스튜처럼 TTV 기능이 있어 텍스트만 넣으면 알아서 영상을 만들어준다. 브루는 뒤에서 더 자세히 다뤄보겠다.

● **필모라**

이번 책에서는 필모라로 편집하는 법을 간단히 소개할 예정이다. 개인적인 경험으로 그 어떤 프로그램보다 기능을 많이 갖고 있으나 마우스 하나로 끌어당기고 자르고 이어 붙일 수 있어 직관적인 조작이 가능한 프로그램이라고 느껴졌기 때문이다. 단언하건대 진짜 영상 편집을 한 번도 해보지 않은 사람도 할 수 있을 정도로 명료하고 직관적인 조작법을 갖고 있다. 영상을 단 한 번도 만들어보지 못했지만 필모라로 어느새 70개 넘게 영상을 만들어낸 내가 산증인인 셈이다. 또 영상 편집 프로그램 조작은 서로 비슷해서 필모라를 다룰 수 있다면 위에 언급한 프로그램도 어느 정도 다룰 수 있는 실력이 될 것이라 믿는다.

편집이란?

편집을 크게 나누어보면 ① 파일 옮기기 ② 컷 편집 ③ 속도, 효과, 색 보정 ④ 오디오 편집 ⑤ 자막 편집 ⑥ 출력으로 나눌 수 있다.

① 파일 옮기기는 내 컴퓨터 하드웨어에 저장되어 있는 내가 찍은 영상이나 이미지 혹은 인터넷에서 다운받은 것 그리고 내가 녹음한 오디오, 배경음악과 같은 편집에 필요한 재료들을 프로그램으로 옮기는 작업을 말한다.

② 컷 편집은 영상을 보며 내 의도대로 불필요한 장면은 제거하거나 덧붙이며 영상을 늘리고 또 줄이는 모든 작업을 뜻한다. 컷 편집은 대략적인 큰 그림을 잡는 것이다. 컷 편집을 우선 진행해야 나중에 수정할 때 전체를 수정하는 귀찮은 일이 없다.

그다음에는 앞서 이야기한 ③ 디테일 편집 효과를 넣는다. 영상의 속도를 맞추거나 음악이나 효과음을 넣고, 자막이나 특수 효과를 넣는 작업도 함께 한다.

④ 오디오 편집은 음악이나 음성 파일, 효과음을 넣어 볼륨을 조정하는 작업을 말한다. 오디오를 가장 마지막으로 편집

하는 이유는 초반에 오디오를 넣다 보면 편집 시 몽땅 흐트러져 난감할 때가 있기 때문이다. 작업을 하면서 중간중간 저장(Ctrl+S)하는 것도 잊어선 안 된다. 통으로 날아가 사라지는 수가 있다. 오디오는 특성상 최종 오디오 작업물을 한꺼번에 보고 효과를 주어야 하는 경우가 있어서 맨 마지막에 작업한다. 자막도 마찬가지다.

⑥ 출력은 내가 만든 편집을 하나의 영상 파일로 묶어 내놓는 작업이다. 유튜브에 올릴 수 있는 영상을 만들어내는 것인데, 유튜브용 영상 파일은 보통 MP4로 출력한다.

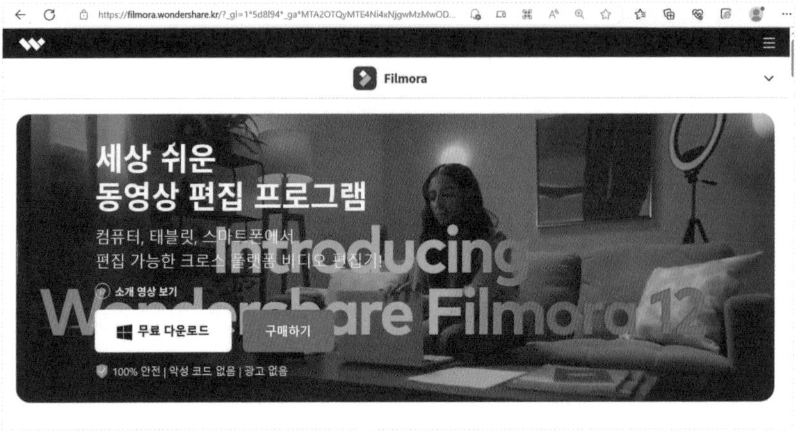

필모라라는 프로그램이 낯설고 어색할 수 있다. 첫 화면이 이것저것 복잡해 보일 수도 있다. 그렇지만 마우스 하나만으로 대부분의 작업을 할 수 있는 매우 직관적인 프로그램이다. 차근차근 놀잇거리를 만지듯 이것저것 눌러보면 전혀 어렵지 않다. 편집은 각 잡고 배우는 것도 필요하겠지만 갖고 놀면서 익히는 것을 따라잡을 수 없다. 어느새 대형 유튜버들이 하는 효과를 아무렇지 않게 낼 수 있는 자신이 되어 있을 것이다. 검색창에 '필모라'를 치거나 홈페이지(filmora.wondershare.kr)에 들어가면 무료로 다운로드를 받을 수 있다.

LESSON 1. 필모라를 켜보았다

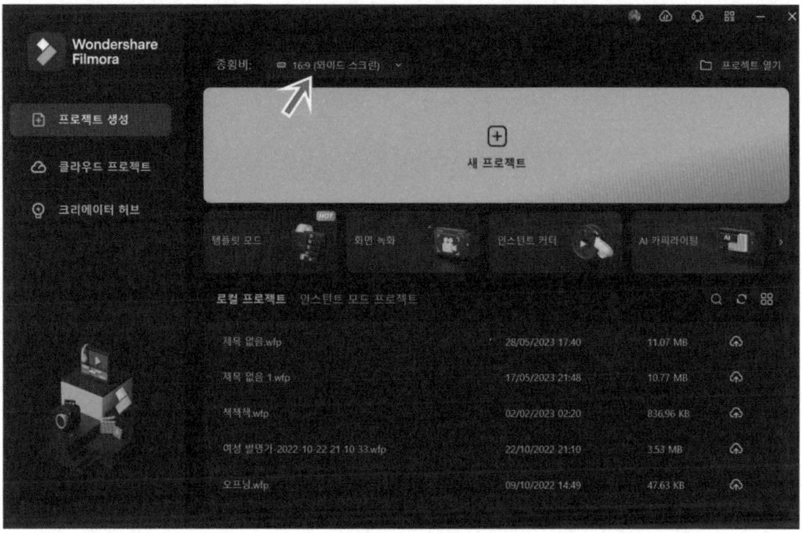

필모라를 처음 실행하면 이 화면이 뜬다. 종횡비는 16:9로 맞춰야 딱 유튜브 사이즈가 된다. 그 외에도 시작 메뉴를 보면 템플릿 모드, 화면 녹화, 인스턴트 커터, AI카피라이팅이 있다. 이들은 모두 편집을 간단하게 할 수 있는 도구들이다.

① 템플릿 모드란?

먼저 템플릿 모드는 분위기나 용도에 맞는 영상 샘플들을 한 자리에 모아놓은 것이다. 직접 하나하나 편집하는 것이 너무 힘들다면 템플릿 모드를 이용해 보자. 적재적소에 사진과 영상을 쏙쏙 넣기만 해도 멋진 영상이 완성되는 편집 샘플북인 셈이다. 일일이 영상을 편집하기 어려운 사람은 이 샘플에 내가 찍은 영상이나 사진을 간단하게 불러들여 완성도 높은 영상을 완성할 수 있다. 여행이나 온라인 수업, 가족 영상, 프레젠테이션, 시네마틱 영상까지 다양한 템플릿들이 모여 있다.

② 화면 녹화란?

화면 녹화는 영상을 만들다 보면 꼭 필요한 기능이다. 동영상을 편집하는 작업에서 내가 유튜브나 인스타그램 혹은 다른 SNS에서 봤던 영상을 내 영상에 참고 자료용으로 끼워 넣고 싶을 때가 있다. 이때 해당 영상을 녹화해 따내는 기능이다. 녹화 부분 설정만 하고 빨간 녹화 버튼만 누르면 영상으로 추출된다. 사람들이 많이 쓰는 영상 화면 녹화 프로그램으로는 '오캠(oCam)'이라는 무료 다운로드 프로그램이 있다.

③ 인스턴트 커터란?

인스턴트 커터는 세밀한 영상 편집을 하기 전 영상을 대강(임시로) 편집하는 기능이다. 마우스를 좌우로 움직이면서 영상을 간단하게 자르고 붙일 수 있다. 대충 밑그림을 그리고 영상을 정리할 때 쓰면 좋다. 다만 영상 편집에 익숙해지면 필모라 편집 화면에서 자르고 붙이고 하는 것이 더 편해지는 날이 온다.

AI카피라이팅은 필모라에서 제공하는 간단한 챗GPT라고 할 수 있는데 "시니어를 위한 유튜브 사용법 채널의 제목을 추천해줘" 등의 질문을 던지면 AI가 적당한 제목이나 카피를 내놓는다. 아직 베타버전이라 활용성은 크게 높지 않아 보인다.

LESSON 2. 영상을 만들 재료 불러오기

새 프로젝트→파일 추가→내 컴퓨터 속 영상 재료 열기

이제 편집 화면으로 들어가 보자. '새 프로젝트'를 누르면 이 화면이 나온다. 여기서 먼저 영상의 재료들이 되는 파일 추가를 눌러본다. 있어야 할 파일의 종류는 편집할 영상과 이미지 그리고 오디오다.

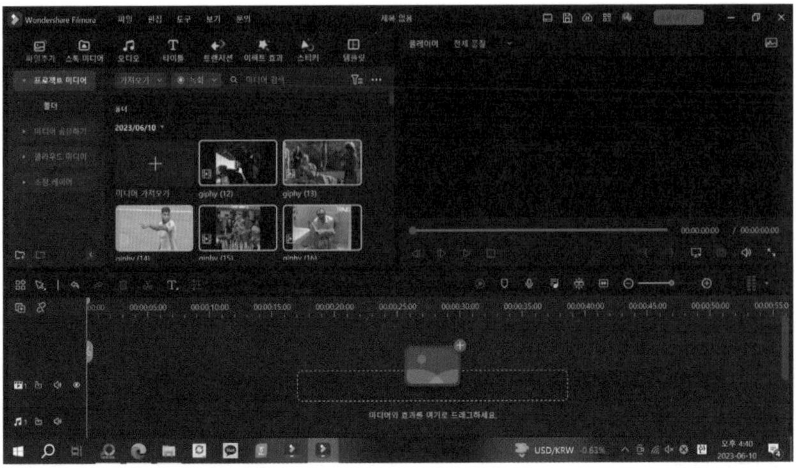

파일 추가를 누르면 내 컴퓨터에 저장해 놓은 영상 재료들을 꺼내서 필모라 파일에 추가한다. 저장된 재료를 이용해 하나의 영상을 만들어내는 것이다.

편집이란 '쌓는 작업'이다. 영상에 음성을 쌓고 또 그 위에 배경음악을 쌓는다. 해보면 알겠지만 자막이나 효과도 영상 위에 쌓는 과정이라 볼 수 있다. 복잡하게 쌓을수록 복잡하고 화려한 영상이 나오고, 잘 쌓지 못하면 심심한 느낌의 영상이 나온다. 편집은 차곡차곡 쌓는 것이 가장 중요한 포인트다.

오디오 파일 클릭→마우스로 잡고 드래그로 편집판에 놓기

음성이 따로 있는 콘텐츠라면 음성을 제일 먼저 깐 다음 그 위에 영상을 알맞게 얹어 가듯 편집을 하는 것이 편하다. 영상 속에 음성이 함께 있다면 그냥 지나쳐도 되는 과정이다. 내 작업의 경우 '사이비 알라모(미국 사이비 종교 역사상 악랄한 교주 토니 알라모에 대한 영상)'라는 내가 녹음한 오디오 파일을 클릭해 하단에 '미디어와 효과를 여기로 드래그하세요' 부분에 넣는다.

그림처럼 오디오 파일이 제일 먼저 깔렸다. 이때 중요한 것은 컴퓨터 볼륨을 30 정도에 맞추어 보고 듣기 좋은 크기로 오디오 소리를 조절하는 것이다. 내가 만든 영상의 소리가 다른 사람들 영상에 비해 너무 작으면, 한 번은 어찌어찌 보는 사람이 볼륨을 조절해 가며 볼 수 있으나 정기적인 시청을 위한 '구독'으로 이어지지는 않는다. 30~35에 맞춰놓고 오디오 소리를 조절하자.

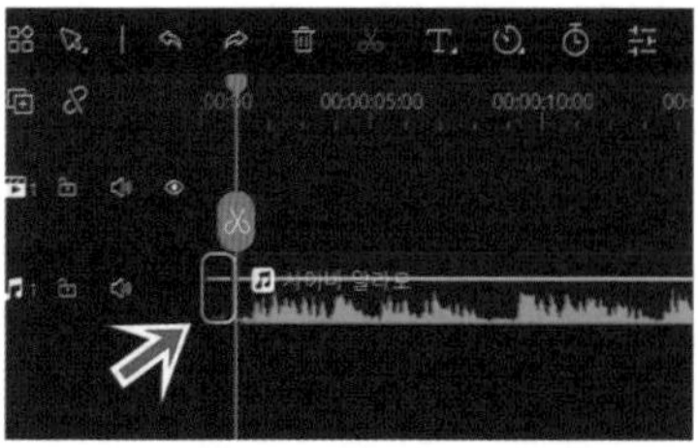

음성에서 불필요한 부분이 있다면 잘라낸다. 빨간색 세로 바는 중간에 가위 그림이 그려져 있다. 자르고 싶은 부분에 가져가 클릭을 하면 저렇게 잘린다. 잘린 부분을 클릭한 후 키보드 삭제(Delete) 버튼을 누르면 사라진다.

LESSON 4. 음성 속도와 크기 조절

음성 파일 클릭→오른쪽 마우스 버튼 클릭→오디오 조정 클릭→속도 OR 오디오 조정하기

음성 속도도 영상 퀄리티에 매우 중요하다. 음성이 너무 느리고 처진다고 생각하면 1.2배속, 1.3배속으로 빠르게 돌리면 좀 더 속도감 있는 음성을 만들 수 있다. 자신의 말투에 따라 속도를 정하면 된다. 나의 경우 말투가 느린 편이라 원고를 천천히 또박또박 읽고 편집 과정에서 1.2배로 배속을 하는 편이

다. 음성 속도를 조절하는 방법은 편집 공간에 놓인 음성 파일을 클릭한 후 마우스 오른쪽 버튼을 누르면 다양한 효과를 줄 수 있는 메뉴가 나온다. '오디오 조정'을 누르면 속도부터 크기까지 다양하게 조절할 수 있다.

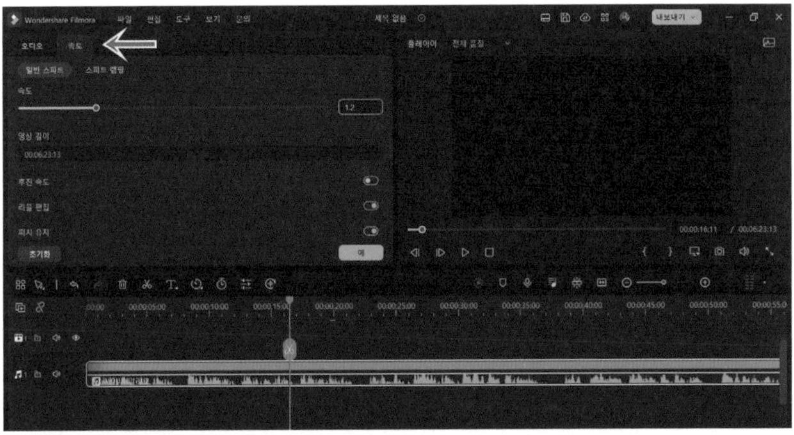

속도 메뉴 옆 오디오 메뉴에서 크기를 조절할 수 있다. 크기 조절은 오디오 파일의 초록색 선을 상하로 올렸다 내렸다 하는 것으로 조절할 수도 있다. 마음에 드는 오디오 상태가 됐다면 오른쪽 아래 끝에 있는 '예'를 누르고, 다시 조절하고 싶다면 왼쪽 아래 끝에 있는 초기화를 누르면 조정하기 전 원본 상태로 돌아간다.

LESSON 5. 영상과 이미지를 넣어보자

영상 클릭→네모에 사선이 그어진 크롭 버튼 클릭→비율 메뉴 클릭→16:9 설정 클릭→마우스로 원하는 모양 잡기→적용

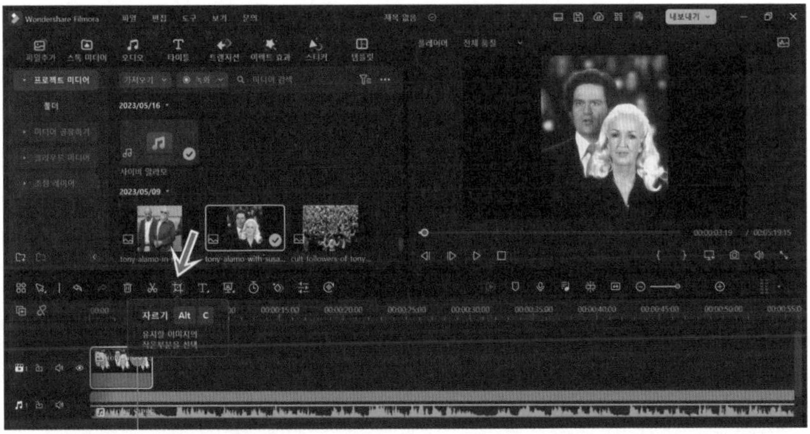

영상이나 이미지를 편집할 때에는 오디오 파일을 드래그한 것처럼 원하는 영상을 끌어다 편집하는 곳에 순차적으로 놓으면 된다. 영상을 자르고 싶을 때에는 오디오를 잘랐던 것과 마찬가지로 가위 모양이 그려진 빨간색 선을 자르고 싶은 곳에 두고 클릭하면 잘린다.

영상이나 이미지가 유튜브 화면 비율인 16:9와 맞지 않는다

면 어떻게 할까? 위 이미지처럼 네모에 사선이 그어진 크롭 기능을 이용하면 된다. 조절하고 싶은 영상과 이미지를 클릭한 후 네모 버튼을 누르면 아래 화면처럼 뜬다. 비율이라고 쓰여 있는 곳을 누르면 다양한 비율이 나오는데 16:9를 고르고 원하는 모양과 크기로 크롭하면 영상에 그대로 반영이 된다. 이 기능은 꽤 자주 쓰이니 꼭 알아두는 게 좋다. 특히 이미지를 영상처럼 줌인하고 줌아웃하는 기능도 이곳에서 조절할 수 있다. 상단 메뉴 '자르기' 옆의 '이동&확대/축소'를 이용하면 된다.

LESSON 6. 재생 시간으로 영상 길이 연장하거나 축소하기

영상 클릭→시계 모양 클릭→원하는 시간 입력→적용

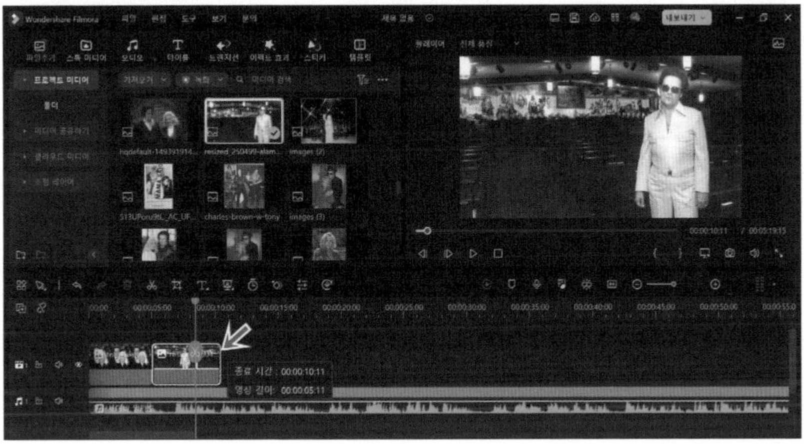

두 번째로 불러들인 영상에 마우스를 올려보면 영상 길이가 표시된다. 약 5초짜리 영상이다. 이것을 자르지 않고 늘리거나 줄일 수 있다. 다른 말로 영상이 천천히 재생되는 '슬로 모션'을 줄 수 있고, 빨리 재생되는 '스피드 모션'처럼 속도를 조절할 수 있다.

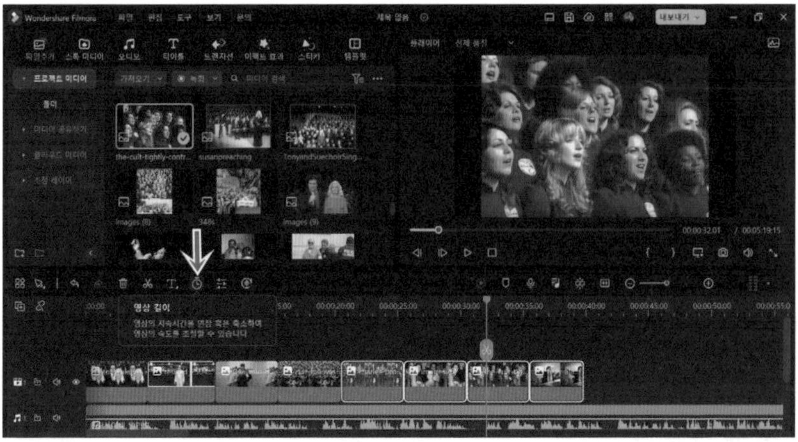

방법은 간단하다. 화살표로 표시된 시계 모양에 주목하자. 시계 모양 버튼을 누르면 초 단위로 시간을 써 넣는 표가 나온다. 나는 네 장의 사진을 모두 클릭하고 한꺼번에 노출 시간을 줄여보도록 했다. 5초 노출되는 것을 각각 2초로 줄여보았다.

네 장의 이미지 노출 시간이 2초로 줄어들다 보니 사진과 사진 사이에 3초간의 틈이 생겼다. 이 틈은 자판 삭제 버튼으로 지워준다. 그러면 네 장의 사진이 2초씩 이어서 노출되는 화면이 완성된다.

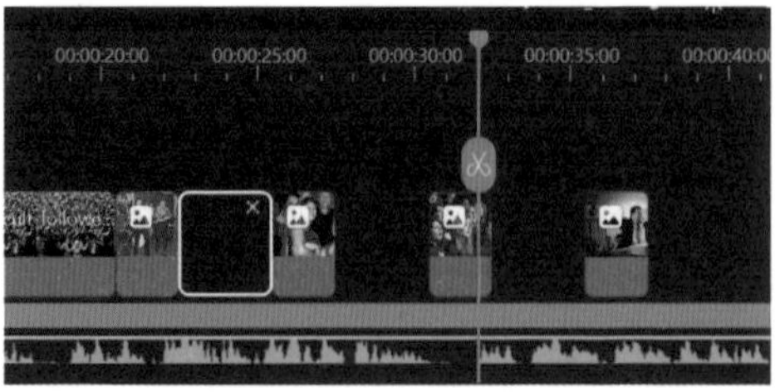

LESSON 7. 영상과 영상을 이어주는 트랜지션

트랜지션 클릭→효과 샘플 고르기→효과 샘플을 드래그→영상과 영상 사이 넣기

영상과 영상 사이를 디졸브 등 특수한 효과를 내며 자연스럽게 이어주는 트랜지션도 풍부한 영상을 위해 꼭 알아두어야 할 기능이다.

금방 이어준 네 장의 사진을 그냥 두면 좀 밋밋한 편집이 된다. 사진과 사진 사이를 이어주는 효과가 필요할 것 같다. 이럴 때에는 메뉴 상단의 '트랜지션'을 눌러준다.

디졸브, 교환, 전환, 쪼개기 등 화려한 트랜지션 효과들이 있다. 효과를 하나씩 눌러보면 편집 화면에 예시가 뜬다. 그것을 보고 필요한 효과를 고르면 된다. 나는 사진과 사진 사이에 카메라 셔터 같은 효과를 주기로 했다. '졸업 알팩 팩 트랜지션'을 드래그해 그대로 사진과 사진 사이 공간에 하나씩 넣어준다(총 세 곳). 그러면 아래 그림처럼 효과를 줄 수 있다. 이미지뿐만 아니라 서로 다른 두 개의 영상도 효과를 주면서 이어붙일 수 있다.

LESSON 8. 영상 자체에 효과를 주는 이펙트

이펙트 클릭→이펙트 샘플 고르기→샘플 드래그→원하는 영상 위에 얹어놓기

트랜지션이 영상과 영상을 연결 짓는 데 더 풍부한 볼거리를 주기 위한 효과라면, 이펙트는 영상이나 이미지 하나를 꾸며주는 효과다. 필모라에는 무료로 쓸 수 있는 다양한 영상 꾸미기 효과가 있다.

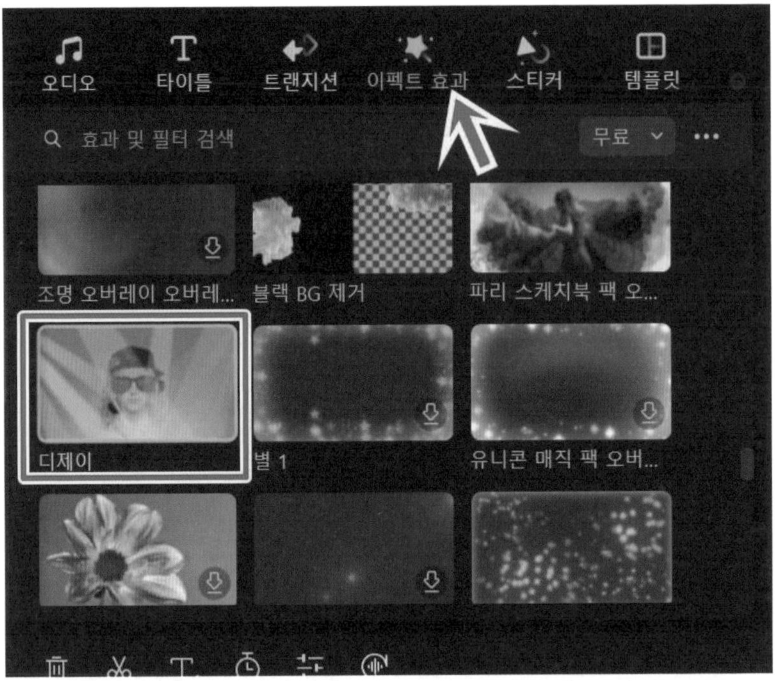

이펙트 메뉴를 누르면 별가루를 뿌려준다거나 스케치북 효과를 내거나 영상에 조명을 뿌려주고 인물에게 선글라스를 씌우는 장난스러운 효과를 사용할 수 있다. 원하는 효과를 클릭한 후 편집하려는 영상 위에 드래그해 가져와 얹어주면 자연스럽게 효과가 영상에 붙는다. 트랜지션, 이펙트 등 원하는 효과를 모두 끌어다 영상에 사용할 수 있다. 영상의 타이틀을 만들 때에도 이펙트 기능을 쓰면 내 영상에 걸맞은 그럴싸한 영상을 제작할 수 있다.

LESSON 9. 영상 스피드 조절하기

영상 클릭→시계 모양 버튼 클릭→느림 혹은 빠름

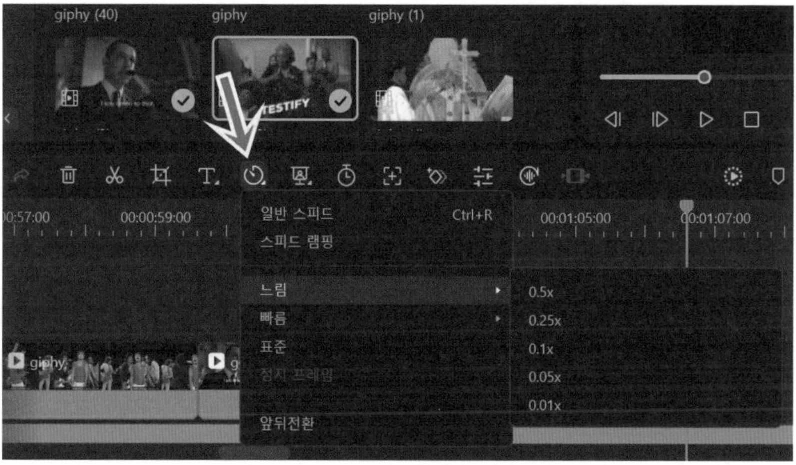

LESSON 6에서는 편집자가 영상의 재생 시간을 정해 영상 길이를 연장하거나 축소하는 법을 소개했다. 이번에는 배속을 통해 영상 스피드를 조절할 수 있다. 편집할 영상을 클릭한 후 메뉴를 보면, LESSON 6에서 소개한 것과 비슷한 시계 모양이지만 조금 다르게 생긴 또 하나의 시계 모양 버튼이 보인다. 눌러보면 '느림' 혹은 '빠름'으로 영상 길이를 조절할 수 있다. 영상을 천천히 재생하고 싶을 때 0.5x로 설정하면 영상의 길이가 두 배로 늘어난다. 반대로 2x는 2배속으로 빨라지는 것을 뜻한다. 이 시계 버튼에는 또 하나의 기능이 있는데, 바로 메뉴 맨 밑에 보이는 '앞뒤 전환'이다. 어떤 영상을 보면 영상이 거꾸로 재생되면서 재미를 주는 편집 방법이 있다. 앞뒤 전환은 영상을 거꾸로 재생되도록 하는 기능이다. 예를 들어 앞뒤 전환과 2배속 효과를 함께 주면 영상을 빠르게 뒤로 감는 효과를 얻을 수 있다.

LESSON 10. 애니메이션 효과

영상 클릭→세 줄 조절기 모양 버튼 클릭→애니메이션 클릭→원하는 효과 고르기→드래그로 영상 안에 위치 정해서 넣기

애니메이션 효과는 영상이나 이미지가 나오는 방향을 꾸며줄 수 있는 기능이다. 물결처럼 나온다든지, 페이드아웃으로 사라진다든지, 회전하면서 작아지며 사라지거나 축소되며 사라지고 확대되며 나오거나 하는 등의 다양한 연출이 가능하다. 예시로 든 편집 영상은 사이비 교주의 아내가 죽어 위기를 맞게 되는 내용에서 아내의 죽음을 '회전하며 돌아가기' 효과로 표현한 것이다. 먼저 빨간색 화살표를 주목하자. 사이

비 교주 아내의 사진을 클릭하고 메뉴에서 세 줄의 조절기 같은 것이 달린 버튼을 누르면 사진처럼 다양한 효과를 줄 수 있는 또 다른 메뉴가 나온다.

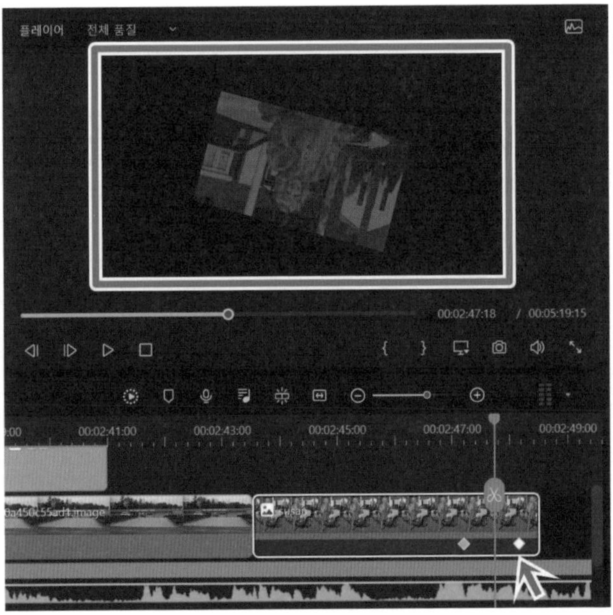

위 사진은 '회전하며 돌아가기'를 드래그해 영상에 효과를 주면서 적당히 끝부분에 배치한 모습이다. 다시 말하지만 모두 클릭 하나로 효과를 주고 위치를 지정할 수 있다. 그렇게 되면 화면의 빨간 테두리 박스처럼 사진이 빠르게 회전하며 들어가듯 사라지는 효과로 그녀의 종말(죽음)이 표현된다.

LESSON 11. 스티커 효과

스티커 클릭→원하는 효과 고르기→드래그로 영상 위에 얹기

스티커 효과는 장난기가 많이 들어간 영상에 쓰면 좋은 기능인데, 말 그대로 영상이나 이미지 안에 특정 스티커를 붙여 영상을 단조롭지 않게 꾸미는 것이다. 다양한 이모티콘도 있고 말풍선도 있다. 예시의 경우 말풍선을 선택했고 그 안에 대사를 넣는 모습이다. 말풍선에 글자를 넣는 과정을 순차적으로 정리하면 이렇다.

① 스티커 메뉴로 들어가 말풍선 효과를 클릭해 끌어다 영상 위에 얹는다.

② 빨간색 화살표가 가리키는 T를 누르면 자막을 포함해 화면에 글자를 입력할 수 있다. '퀵 텍스트'를 선택하면 글자를 넣을 수 있는 입력란이 나온다. 서체와 크기, 글자의 색도 지정할 수 있다.

③ 그림의 빨간색 박스처럼 글자를 써서 크기를 지정했다면 위치는 마우스로 화면에서 직접 조정할 수도 있다. 원하는 위치인 말풍선 안으로 끌어다 놓으면 알아서 편집된다.

④ 편집 바에서 말풍선과 글자의 재생 길이를 확인하고 마우스로 늘리거나 줄이며 최종적으로 스티커 효과와 글자 효과 길이를 맞춘다.

다시 강조하지만, 효과들은 두세 개씩 원하는 대로 겹쳐서 쓸 수 있다. 편집 바에 영상 위로 쌓고 쌓으면 된다. 완성된 편집본을 보면 영상 위에 효과가 쌓인 모습을 볼 수 있다. 그렇기 때문에 앞서 편집을 영상 위에 차곡차곡 효과를 쌓는 것이라고 표현한 것이다.

* 이미지에 먼저 블러(뿌옇게) 처리를 한 후 흑백 글리치(지글지글) 효과를 준 예시를 보자. 두 개의 효과를 쌓았더니 아래와 같이 두 가지 효과가 나타났다.

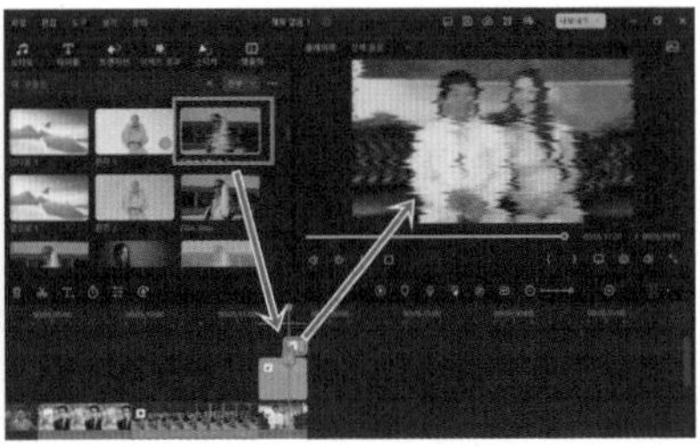

LESSON 12. 잔잔한 음악 깔기

오디오 클릭→음원 고르기→마우스 드래그로 편집판 아래 넣기 →소리 조절하기

배경음악은 영상의 느낌을 더 풍부하게 해주는 요소다. 나도 처음에는 음악 까는 법을 몰라 목소리만 깔았더니 '좀 심심하다'라는 주변의 평을 받았다. 요즘에는 유튜브를 노이즈 효과나 잠잘 때 수면 유도로 보는 사람도 적지 않다. 다른 소리에 거슬리지 않을 정도로 잔잔한 음악을 깔아주는 것을 추천한다. 음악을 깔 때에는 앞에서도 언급했듯이 저작권을 꼭

확인하고 사용해야 한다. 저작권에 제일 걸리기 쉬운 것이 음원이며, 저작권에 걸리면 수익을 창출할 수 없는 영상이 된다. 필모라에는 저작권이 없는 다양한 음원이 있다. 영상의 분위기에 맞춰 '우울', '잔잔', '기쁨', '활발한' 등으로 검색을 하다 보면 적당한 음악을 찾을 수 있다. 음악을 하나씩 들어보고 마음에 든다면 이를 클릭하고 드래그해서 편집판 가장 아래쪽에 놓는다. 영상과 함께 플레이하면서 적당히 소리를 조절한다. 기본 볼륨은 아마도 배경 음원으로 쓰기에는 좀 클 것이다. 음성에 방해되지 않는 선에서 들릴 듯 말 듯 깔아주는 것이 배경음악을 잘 쓰는 요령이다. 귀로 직접 들어가면서 볼륨을 조절하자.

LESSON 13. 내보내기

내보내기 클릭→영상 파일 MP4로 지정→저장 폴더 확인→내보내기 클릭

편집한 영상을 쭉 한번 훑어본 다음 이제 완성했다는 확신이 든다면 편집 프로그램에서 영상을 추출하는 마지막 단계가 남았다. 바로 '내보내기'다. 내보내기는 오른쪽 위 끝에 있는 형광색 버튼을 클릭한다.

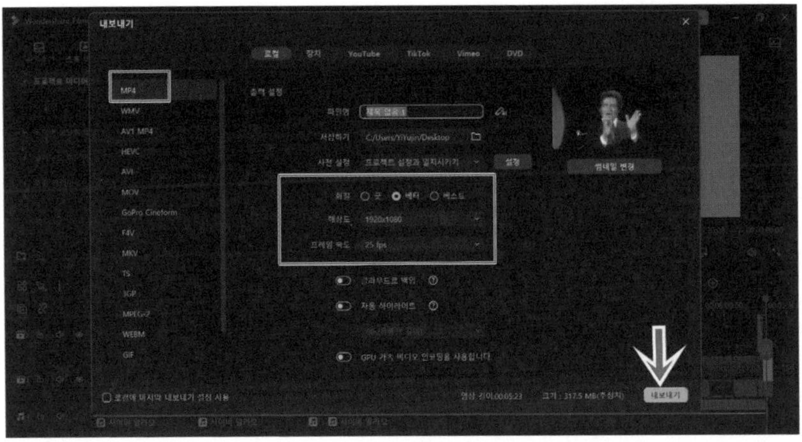

영상 파일은 되도록 MP4로 제작한다. 화질과 해상도, 프레임 속도를 잘 설정한 다음(화질은 '베터'나 '베스트'로, 해상도는 1920×1080, 프레임 속도는 25fps) 저장되는 폴더 위치를 확인한 다음(완성한 영상을 잘 찾을 수 있도록) 내보내기를 누른다.

LESSON 14. 자막 넣기

필모라 사용법 중 빠진 것이 있다. 바로 자막 넣기다. 자막은 더 사용하기 쉽고 월등한 무료 프로그램이 있어 따로 소개하기 위해서다. 바로 Vrew(브루)라는 프로그램이다. 보이저엑스라는 국내 스타트업 회사가 개발했는데 아주 신통하다. 일명 AI 자막 생성기로 영상을 올리면 자동으로 음성을 인식해 자막을 만들어낸다. 영상 전문가들도 즐겨 쓰는 프로그램으로 한글은 물론 영어, 일본어, 스페인어, 중국어까지 인식해 자막으로 만들어낼 수 있다. 또 유료 기능이긴 하지만 원고를 나 대신 AI 목소리로 읽어주는 음성을 만들어준다든가, 텍스트나 PDF를 비디오를 만들어준다든가, 템플릿을 쇼츠로 만드는 등 앞서가는 기술을 개발 중인 주목할 만한 프로그램이다.

내가 브루를 사용하는 방법은 다음과 같다. 먼저 필모라로 작업한 영상을 브루에 올리고 원고를 TXT 파일로 올려놓은 뒤 실행시키면 브루가 알아서 자막을 입힌 영상을 만들어놓는다. 브루가 없었다면 한 장면당 한 자막을 하나씩 만들어야 했을 것이다. 더 좋은 프로그램이 있는지는 모르겠지만 브루가 없었다면 아마도 다작을 하기 힘들었을 거란 생각이 든다.

브루 사용법

새로 만들기→음성 및 영상 파일로 시작하기→한국어 지정→원고 불러오기

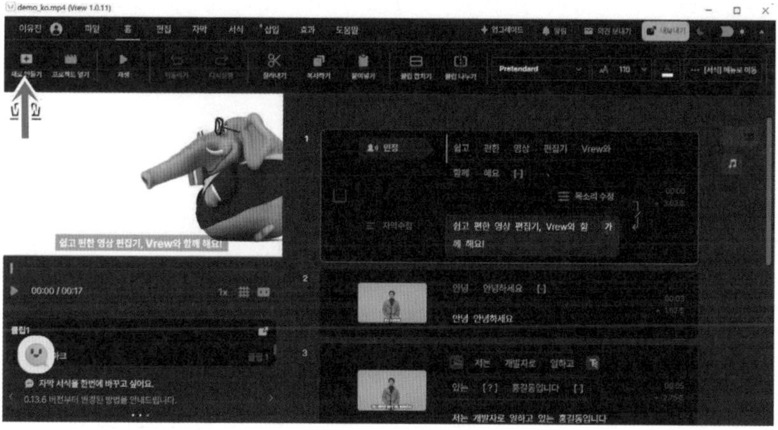

브루 홈페이지(vrew.voyagerx.com/ko/)에서 다운로드를 받아도 되고 네이버 등 포털사이트에서 'vrew'를 검색하면 쉽게 찾을 수 있다.

다운받은 브루를 설치하고 홈 화면에서 '새로 만들기'를 누른 후 '음성 및 영상 파일로 시작하기'를 누른다.

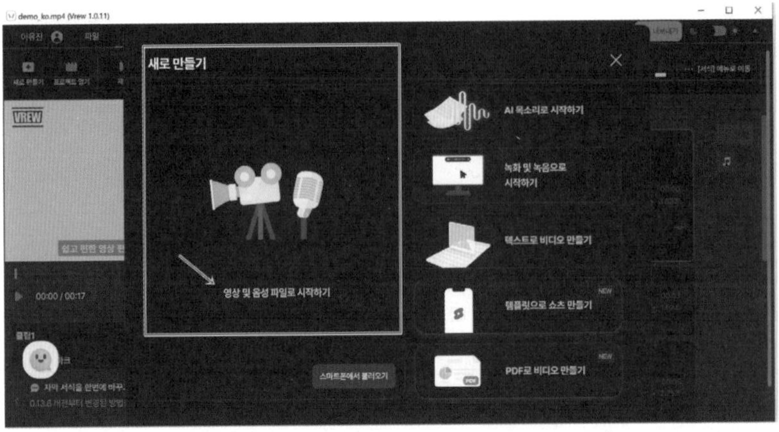

그러면 내가 만든 영상을 불러온다. 언어는 한국어로 지정하고, Ai음성인식을 사용하려면 그대로 확인을 누르면 음성에 따라 자막이 생성된다.

원고대로 좀 더 정확하게 자막을 넣고 싶다면 '고급 설정'에서 '원고 불러오기' 기능을 사용한다. 음성 인식으로 어떤 화면에 어떤 자막을 넣어야 하는지 자동으로 판단해 자막을 달아준다.

자막 설정과 맞춤법

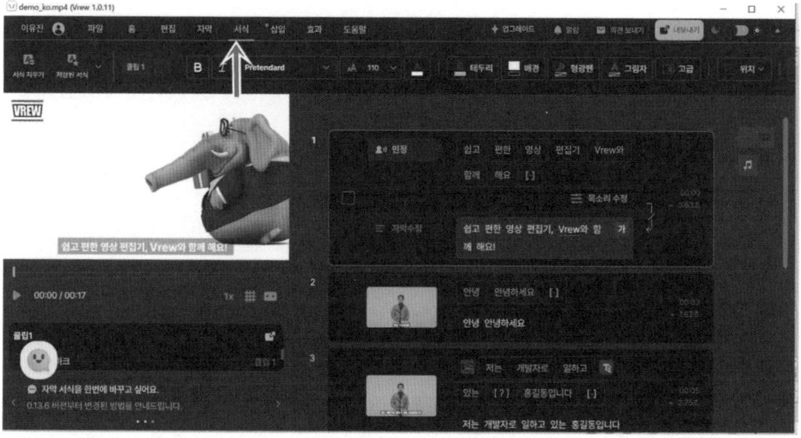

자막의 글씨 크기나 서체, 테두리, 배경, 그림자 등 다양한 효과를 내고 싶을 때에는 '서식' 메뉴를 눌러 조절한다.

유튜브의 자막은 한 줄이 기본이다. 만약 칸이 부족하거나 글씨가 많아 두 줄이 된다면 자막에서 직접 자를 부분을 마우스 커서로 찍고 자판에서 '엔터'를 누르면 자동으로 다음 화면에 배치된다. 반대로 자막을 위 화면으로 올리고 싶다면 커서를 찍고 '백스페이스' 자판을 누르면 위로 올라붙는다.

맞춤법 검사도 있다. '자막' 메뉴를 누르면 오른쪽 끝에 맞춤법 검사 기능이 나온다. 자동 번역을 해주는 번역 자막도 있다.

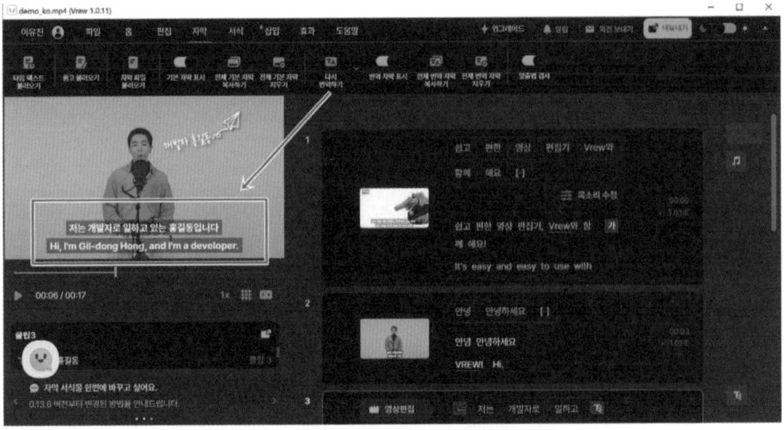

영어 번역 자막을 넣어주는 기능을 사용해 본 브루의 화면.

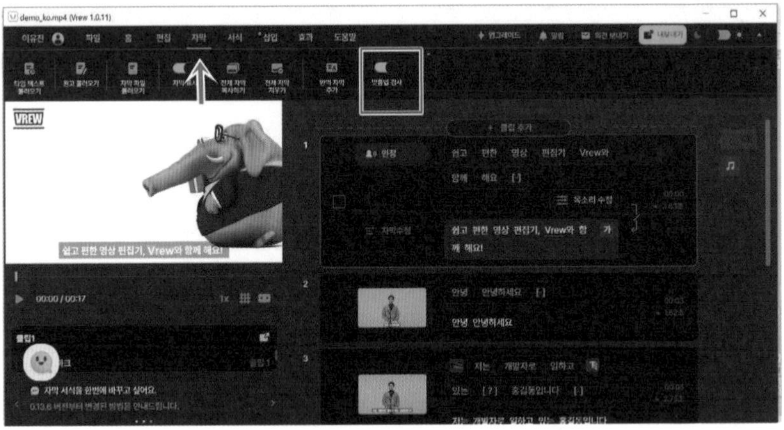

맞춤법 검사도 할 수 있어 자막의 틀린 단어 표기를 바로 고칠 수 있다.

영상 내보내기

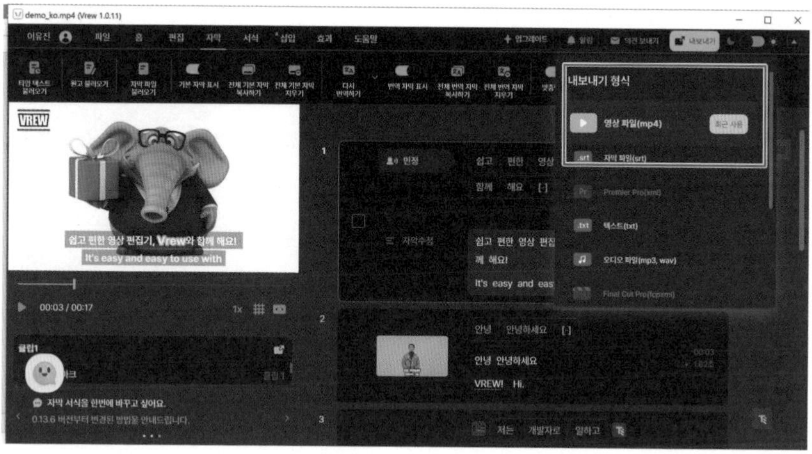

영상 자막과 편집을 모두 수정하고 마쳤다면 '내보내기'를 하면 된다. 필모라 편집기와 마찬가지로 MP4 파일로 설정하고 해상도는 FHD 수준(1920×1080)으로, 화질은 고화질로 지정한 다음 내보내기를 누르면 된다.

LESSON 15. 흑백을 컬러로 사진 보정

특별한 사이트를 소개한다. 과거 흑백 사진을 컬러로 보정하는 '이미지컬러라이저(imagecolorizer.com/colorize)'라는 사이트다. 최근 레트로 열풍으로 과거 영상이나 사진을 복원하는 유튜브 영상도 꽤 인기가 있는데, 그런 콘텐츠에도 유용하고 단조로운 흑백 자료에 생기를 불어넣을 수도 있다. 직접 써본 결과 꽤 생생한 컬러 사진으로 복원된다. 복원 기술마저도 AI가 대신하는 시대가 벌써 온 듯하다. 사다리가 걷어차이는 시대라지만 스스로 성공한 자수성가 계층이 아예 전혀 없는 것은 아니다. 그들의 성공 요인을 살펴보면 대부분 급변하는 시대의 흐름을 미리 알고 대비해 잘 올라탔다(이용했다)는 것이 공통점이다. 우리가 새로운 기술, 트렌드, 이슈를 놓치지 않고 공부해 따라가야 하는 이유다.

이미지컬러라이저는 한두 장 정도는 가입 절차나 계정 등록 없이 흑백 사진을 업로드하는 것만으로 쉽게 컬러 복원을 할 수 있다. 나는 예시로 유명한 매릴린 먼로 사진을 돌려보았다.

사진을 보면 알 수 있듯 AI

가 알아서 인물과 건물이나 잔디를 인식하고 색을 입혔다. 흑백에서는 하얀색으로만 보였던 먼로의 드레스가 연보랏빛 드레스로 변해 있다. 아마 흑백 사진 속 채도나 명도의 계산을 통해 구현한 것으로 보인다. 실제 그녀가 연보랏빛 드레스를 입었을지는 알 수 없지만 상상 속에서만 어렴풋이 짐작했던 모습이 마치 눈앞에서 구현된 듯해 신기할 따름이다. AI의 발전은 우리가 생각했던 것보다 앞서 있다.

LESSON 16. AI가 편집해 주는 시대가 왔다

5분에서 10분 정도의 동영상 하나를 편집하려면 아무리 간단한 것이라도 3시간에서 5시간은 훌쩍 지나간다. 전문가적 솜씨로 공을 들인다면 이삼일도 모자랄 때가 있다. 직접 편집해 보니 한 땀 한 땀 수를 놓는 작업과 비슷하다. 영상에 들어가는 작은 것 하나도 다 수제로 떼다 붙이는 것의 반복이다. 앞서 쌓아가는 작업이라고 말한 이유이기도 하다.

유튜브 제작자의 진입장벽은 편집 기술 탓에 높은 것이 사실이다. 그러나 과거 레거시 미디어 관련자만이 편집을 할 수 있었던 시대보다는 천지개벽 수준으로 낮아지긴 했다.

예능 연출가 나영석 PD는 "우리 같은 사람(레거시 미디어 관계자)에게 위기가 온 것이 뭐냐면 예전에는 '디지로그'라고 해서 옛날 편집기를 썼는데 그게 7,000만 원이다. 그뿐 아니라 소스탭을 넣는 데크가 있어야 하는데 그게 또 7,000만 원이다. 가편집만 해도 1억 4,000만 원이었다"라고 말한다.

그는 방송 만들기가 진입장벽이 높았기 때문에 방송 만드는 사람에게 계급장이 생긴 것이라며 "이제는 전 국민이 계급장 떼고 싸우는 세상이 됐다. 컴퓨터 하나만 있으면 누구나 편집을 할 수 있는 세상"이라고 밝혔다.

그런데 이 진입장벽이 AI 기술로 인해 더욱더 낮아지고 있다. 굳이 편집 기술을 알지 못해도 영상을 만들 수 있는 시대가 온 것이다.

앞서 필모라라는 영상 편집 프로그램을 세세하게 다루었지만 이 역시도 내일 당장 필요 없는 기술이 될 수 있다. AI 그리고 IT 전문가들은 '전 국민이 영상 크리에이터가 될 수 있는 시대가 온다'라고 말한다.

어떻게 그럴 수 있을까? 간단히 설명하면 이렇다. 먼저 만들고 싶은 영상을 원고(텍스트)로 쓴다. 그리고 이 텍스트를 AI 편집 프로그램에 넣으면 AI가 단 5분 만에 10분짜리 영상을 뚝딱 만들어낸다. 우리는 손 하나 까딱하지 않았는데도, 심지어 내가 찍지 않은 새로운 영상도 만들어준다. 이 세상에 존재하지 않는 것의 영상마저 만들어낼 수 있다. 바로 '생성형 AI' 기술로 말이다. 일명 영상 변환 AI 솔루션 'TTV(Text to Video)' 기술이다.

나는 실험 삼아 아돌프 히틀러 관련 원고를 써서 앞서 언급한 AI 영상 제작 프로그램 '브루'에 넣어봤다. 큰 기대를 하지 않았는데 꽤 그럴싸한 만듦새에 깜짝 놀랐다. 아돌프 히틀러의 기존 사진으로 문맥에 맞는 사진을 배치하고 적재적소에 편집해낸 것이다.

물론 영상까지는 만들어내지 못하고 대체로 사진을 활용해 단순한 줌인·줌아웃 효과를 넣으며 영상을 만들었지만, 내가 약간 어색한 부분만 손보면 기존에 만든 영상만큼의 퀄리티는 충분히 낼 수 있었다. 심지어 생성형 AI로 구현한 사진이니 저작권에서도 자유로울 수 있다.

나는 보통 한 편당 원고를 쓰는 것부터 시작해서 영상 제작에 총 대여섯 시간 정도의 시간이 걸린다. 이 시간을 AI와 함께한다면 반으로 줄인 두세 시간 만에 가능하다는 결과가 나온다. 이제는 원고마저도 챗GPT가 써주는 시대니 약간의 아이디어만 있다면 누구나 영상 크리에이터가 될 수 있는 날이 멀지 않아 보인다.

구체적으로 브루가 텍스트가 어떻게 사진(영상)을 만들었는지 소개해 본다.

내가 쓴 텍스트: 에바 브라운, 세기의 악인 아돌프 히틀러의 정부이자 생애 마지막 순간까지 함께했던 여성입니다.

AI가 만든 사진: 아돌프 히틀러와 에바 브라운이라는 실존 인물의 사진을 딥러닝해 함께 있는 선명한 사진을 만들어냈다.

내가 쓴 텍스트: 옅은 금발에 파란 눈을 가진 그녀는 한때 '뮌헨에서 가장 아름다운 소녀'라는 별명을 갖고 있었습니다.

AI가 만든 사진: 옅은 금발의 파란 눈을 가진 가상의 여성 사진을 만들어냈다.

내가 쓴 텍스트: 수천 명의 여성이 히틀러 옆에 모였다.

AI가 만든 사진: 히틀러가 득세하던 1930년대 차림을 한 여성들이 모여 있는 사진을 만들어냈다. 텍스트에는 없는 그 시대 여성의 모습을 알아서 찾아내 합성했다는 점이 놀랍다.

내가 쓴 텍스트: 에바 브라운은 히틀러가 가장 좋아했던 목선에 장미가 달린 검은색 드레스를 입고 마지막 만찬으로 토마토 스파게티를 먹었습니다.

AI가 만든 사진: 장미가 달린 검은색 드레스를 '장미를 든 드레스 입은 여인'으로 사진을 만들었지만 그래도 훌륭한 구현이다.

브루 외에도 주목받는 AI TTV 프로그램 중에는 'TTV AI'가 있다. 국내 벤처기업인 웨인힐스브라이언트A.I(이하 웨인힐스)가 개발한 프로그램으로, 텍스트만 가지고도 적합한 영상을 찾고 이를 이용해 영상을 제작할 수 있도록 한 프로그램이다. 현재 마이크로소프트 마켓플레이스인 '애저(Azure)'에 등록되어 있고, 스마트폰 애플리케이션 스토어(안드로이드, iSO)에서 다운받을 수 있다.

웨인힐스 측은 "10분짜리 영상을 제작하는 데 2~3분밖에 걸리지 않는다"라고 발표했다. 또 "TTV AI는 단순히 관련 동영상을 찾아주는 서비스가 아니라, 저작권 문제 없이 사용할 수 있는 영상을 찾아 편집할 수 있도록 도와주는 소프트웨어"라고 설명했다. 한국어와 영어 외에 중국어, 일본어, 독일어, 베트남어, 이스라엘어 등 다국어 텍스트를 이용할 수 있다.

직접 'TTV AI'를 써보았다. 브루와 비교하기 위해 '히틀러의 정부 에바 브라운'이라는 같은 텍스트를 넣어봤는데, 브루

같은 딥러닝으로 이미지를 생성하는 기능은 찾아볼 수 없었다. 적절하게 내용에 맞는 무료 영상을 찾아내는지도 의구심이 살짝 든다. 예를 들어 "그녀는 17세에 40세 히틀러를 처음 만났고 1945년 4월 정식 결혼을 하기 전까지 16년 동안 그의 정부였습니다"라는 문장에 갑자기 나무늘보가 천천히 나무를 타는 영상을 넣었다.

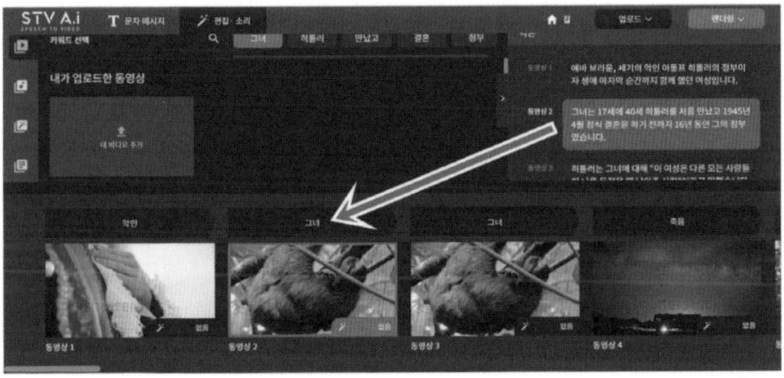

결혼을 빨리 결정하지 못한 히틀러의 우유부단함을 표시한 것인지는 모르겠다. 영어 기반 프로그램인가 싶어 영어로 문구를 넣어봤지만 여전히 엉뚱한 영상이 나온다. 궁금증에 제작자에게 물어봤더니 내가 "사용한 프로그램이 '구버전'이기 때문이며 프로그램은 아직은 개인에게 상용화되어 있지 않고 BtoB(기업간 거래)로만 활용되고 있다"라는 답변을 받았다. 새로운 업데이트가 되기 전까지는 추이를 지켜봐야 할 것 같다.

TTV 기술 어디까지 왔나?

TTV 관련 개발자들은 하나같이 입을 모으며 문서를 영상으로 만드는 기술이 이미 완성됐다고 말한다. 유튜브에 'AI 영상'이라고 검색해 봐도 마치 영화 같은 퀄리티의 영상을 쉽게 찾아볼 수 있다. 고퀄리티의 생성형 AI로 만드는 영상을 개인이 쓸 수 있는 날은 언제 올까?

브루의 개발자 오현수 씨는 "미래를 예측해 개인용 컴퓨터를 만든 빌 게이츠가 아니라서 정확히 예측하기는 어려운 일이지만 멀지 않았다고 본다. 이미 해외 TTV 프로그램은 꽤 다수가 존재하고 있고 국내에도 서너 군데 업체가 개발 중인 것으로 알고 있다"라고 밝혔다.

그는 브루를 개발할 때 컴퓨터를 다룰 줄 모르는 중장년층도 쉽게 영상을 만들 수 있도록 하는 것을 목표로 했다. 오현수 개발자의 부모님은 프로그램 개발에 다양한 피드백을 준 사람이다.

"아버지, 어머니가 유튜브를 즐겨 보시는데 본인들도 만들고 싶어 하셨어요. 특히 공장을 운영하시는 아버지가 유튜브를 마케팅 채널로 이용하고 싶어 하셔서 개발 초기 단계부터 브루를 사용할 수 있도록 소개해 드렸습니다. 마케팅 영상은 영상의 질보다 압도적으로 쉽게 제작되어야 한다는 생각에 브루의 방향성도 쉬운 디바이스를 늘 염두에 두고 개발했습니다."

그의 아버지는 브루로 사업 관련 영상을 만들어 직접 유튜브에 올리고 있으며, 어머니는 교양 관련 독서 모임을 취미로 하고 있는데 관련 영상을 만들었다고 한다. 개발자로서 뿌듯한 순간이다. 브루에는 챗GPT 기능도 탑재되어 있어 대본도 자동으로 손쉽게 쓸 수 있다.

"메뉴 버튼을 크게 만들어라."

"영상 속에 내가 가진 사진을 넣고 싶다."

개발자 부모님의 실제 피드백으로 생겨난 기능들이다.

"아무래도 이삼십 대 개발자들이 만들다 보니 어찌 보면 당연한 건데 놓치고 가는 것들이 있더라고요. 최대한 메뉴를 크게 만들고 자기 사진을 영상에 첨부할 수 있는 기능 '자기 사진 업로드'를 추가했습니다."

오현수 개발자는 '모든 국민이 유튜브를 하는 시대'는 좀 과장된 말 같고 '모든 블로거가 유튜버가 되는 시대'는 곧 올 것이라고 말한다. 마케팅 방법이 글에서 영상으로 옮겨가고 있다는 뜻이다.

그는 진입장벽이 높았던 영상 편집이 TTV 기술로 해결된다면 영상을 만들고 싶은 욕구가 있고 또 블로그를 할 정도로 열정이 있는 사람은 모두 유튜브 영상을 만들 수 있는 시대가 올 거라고 단언한다.

그는 개발자로서 좀 더 솔직한 의견을 전하기도 했다. 브루는 아직 앞으로 나아가야 할 것들이 많이 남아 있다는 것이다.

"아직 브루는 TTV 기술로 '토마토의 효능' 같은 정보성 영상밖에 만들 수가 없어요. 앞으로 캐릭터들이 나와서 대화를 하는 영상툰이라든가 다양한 장르의 영상을 만들 수 있도록 개발하면서 궁극적으로 유튜브에 있는 여러 영상의 카테고리를 점점 TTV 기술로 제작이 가능하도록 가는 것이 브루의 방향성입니다."

영상의 분위기도 수채화 느낌이라든가 벡터 그래픽, 아이콘 그리고 애니메이션 효과도 넣어 다채로운 영상미를 가진 영상을 만들도록 하는 것이 개발자의 '단기 목표'다. 내 말투를 따라 하는 음성 기능은 거의 개발된 상태란다. 아마 지금과 같은 빠른 속도라면 이 책이 출간되었을 무렵에는 이미 이 기술들이 나와 있을 수 있다. 국내 벤처 기업의 성장을 지켜보고 활용해 보는 것도 즐거운 일이 아닐 수 없다.

그래도 기본적인 편집 기술은 익히는 것이 좋다

이제 편집은 AI가 다 하면 되는데 굳이 왜 편집 관련 내용을 책에 넣었을까? 물론 놀라운 발전이지만 기본적인 편집 기술은 크리에이터가 숙지하고 있어야 한다. 어느 정도 원리를 알아야 잘 사용할 수 있는 법이다. 또한 AI가 어떤 방향성을 갖고 발전할지는 알 수 없지만, 아직까지는 사람(크리에이터)과 사람(시청자)만이 통하는 소통력과 창의력이 떨어질 수밖에 없고, 왠지 기계적인 위화감이 드는 것도 사실이기 때문이다. 앞의 예시 사진을 자세히 보면 히틀러와 에바의 모습은 맞지만 뭔지 모르게 어색함을 느낄 수 있을 것이다.

현 상황에서 영상은 내가 주도적으로 만들지만 AI에게 시간적·기술적 도움을 받는 형태로 영상을 제작하면 좋을 것 같다. 시대가 급변하고 AI가 득세할수록 인간은 따뜻한 인간미가 느껴지고 다소 아날로그적인 감성이 담긴 영상을 추구할 것이 뻔하기 때문이다(아날로그적 감성까지 구현하는 AI가 나온다면 할 말은 없지만).

책을 마치며, 기회는 누구에게나 있다

며칠 전 130만 구독자를 가진 틱톡커 '블랙온(본명 서준)'을 만났다. 블랙온은 고등학생 시절부터 대형 매니지먼트 기획사인 YG엔터테인먼트에서 아이돌 유망주로 꿈을 키우다 결국 그룹으로 데뷔하지 못하고 20대 중반에 계약이 종료되어 기획사를 나오게 된, 아이돌의 꿈을 이루지 못한 인물이었다.

춤과 노래를 익히며 5년 이상을 한 곳만 바라보며 살았지만 그의 꿈은 한순간에 좌절됐다. 아이돌 연습생 중 데뷔하지 못

하고 기획사를 나오는 것은 비단 블랙온만의 일이 아니다. 당연히 데뷔하는 사람보다 하지 못하는 사람이 더 많다. 데뷔를 하는 것이 기적과 같은 일처럼 치열한 세계다. 사회에 나온 블랙온은 아무것도 할 수 있는 게 없는 막막한 나날을 보냈다. 집안의 가장으로 돈을 벌어야 했기에 편의점이나 배달 등 단기 아르바이트를 전전하다 서러운 일도 많이 당해 울기도 했단다. 그보다 일평생 꿈을 이루지 못할 거라는 상실감이 공포로 다가왔다.

아르바이트를 끝낸 고된 새벽녘, 그는 방구석에서 고민하기 시작했다. 비록 데뷔는 하지 못했지만 나를 알리는 방법에는 뭐가 있을까? 버스킹? 행사? 자본도 없고 인맥도 없는 그가 선택한 것은 SNS였다.

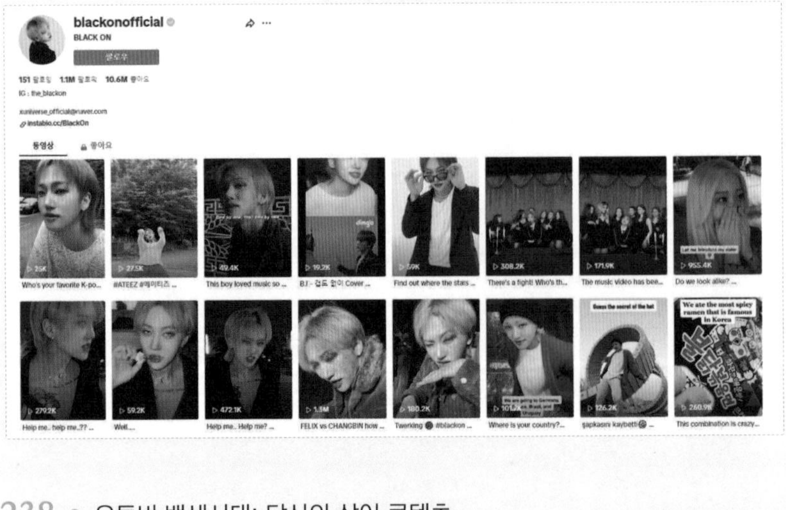

그마저도 유튜브는 긴 영상을 찍어야 해서 촬영도 편집 기술도 없는 그에게는 도전하기 쉽지 않은 플랫폼이었기에 숏폼인 틱톡을 시작했다고 한다.

결국 그는 못다 이룬 꿈을 틱톡커로 이룰 수 있었다. 그의 재능을 살려 K팝 커버 영상을 올렸더니 해외에서 먼저 반응이 오기 시작했고 3년 만에 130만 명 구독자를 모았다. 한 달에 1,000만 원에서 1,300만 원 정도 고정 수입이 생겼으며 본인이 원하던 솔로 앨범도 정식으로 발매했고 미국에서 콘서트도 열었다.

얼마 전 프랑스 루브르 박물관에 갔는데 길에서 자신을 알아보는 프랑스인이 있어 놀랐단다. K팝 아이돌 부럽지 않은 명성을 얻게 된 그는 주얼리 브랜드를 론칭해 틱톡에서 매진 사례를 일으키기도 했다. 눈물로 지새우던 그의 방구석은 어느새 세계와 연결되어 있었다.

나는 그를 '자수성가 아이돌'이라고 불렀다. 앞으로 블랙온 같은 SNS를 통한 성공 사례는 어떤 분야에서든 계속 나올 것이라고 본다. 당신의 분야에서 성공 사례를 일으켜 볼 생각은 없는지 이 글을 읽고 있는 분들에게 묻고 싶다.

사실 틱톡은 유튜브보다 더 시니어들에게 열린 공간이다.

일단 젊은 층이 하는 SNS라는 인식 탓에 시니어 틱톡커가 별로 없다. 이는 역으로 생각하면 어떤 플랫폼보다 더 큰 기회의 장이 될 수 있다는 뜻이다.

지금의 미디어 환경은 당신이 젊은 시절 이루지 못한 꿈을 이룰 기회인지도 모른다. 어제의 방구석이 오늘의 글로벌 무대가 될 수 있는 것처럼 말이다. 블랙온이 처음 틱톡을 시작한 24세의 나이는 아이돌 활동기에 빗대어 말하자면 중년에 가깝다. 그렇지만 그는 스스로 K팝 스타가 됐다. 우리도 늦지 않았다.

최근 구청이나 지자체별로 시니어 크리에이터를 지원하는 정책이 늘었다. 거주하는 곳의 시청, 구청, 군청에 알아보면 '미디어 센터'를 운영하며 미디어 창작 역량 강화 및 확대를 위한 작업 공간 대여 및 이용자 교육을 운영하는 공공기관이 늘고 있다는 것을 알 수 있다. 교육을 신청하면 대부분의 영상장비와 편집 소프트웨어가 갖춰져 있어 따로 돈을 들이지 않아도 무료로 경험해 보고 또 제작할 수 있다. 뜻이 있는 곳에 길이 있고, 길이 있는 곳에 당신의 놓쳤던 꿈이 버려져 있을지도 모른다. 얼른 주워서 먼지를 훌훌 털고 시작해 보자.